「子どもの力」を100%引き出せる親の習慣

七田　厚

PHP文庫

JN263653

○本表紙図柄＝ロゼッタ・ストーン（大英博物館蔵）
○本表紙デザイン＋紋章＝上田晃郷

「子どもの力」を100%引き出せる親の習慣

目次

序章　親が気づけば、子どもも変わる

第一章　効果的に知力を伸ばすために

第二章　小学校入学前にしておくこと

小学校入学前に身につけておきたい一〇の基礎概念

第三章　読書力・計算力・英語力を伸ばす左脳レッスン

計算する力を育てる

子どもの英語力を伸ばすには

第四章 早期の右脳教育が記憶力を伸ばす

第五章　生きる力を育てる『しつけ』のポイント

第八章 新しい時代を生きるための思考力を育む

本文イラスト――かとうともこ
編集協力――荒田真理子

・序章・

親が気づけば、子どもも変わる

子どもは優れた潜在能力を持っている

幼児教育で大切なのは、知識を詰めこむことではなく、子どもが本来持っている優《すぐ》れた潜在能力《せんざいのうりょく》を引き出すことです。

どの子も本来一〇〇％使える能力を持ってこの世に生まれてきます。しかし、生まれた環境の中にそれを引き出す刺激、あるいは教育がないと、それをうまく引き出すことができません。本来持っている力を十分に引き出すためには、左脳教育と右脳教育の両方が必要なのです。

右脳教育とは、知識を教えこむという教育ではなく、人間が本来持っている無限の潜在能力を引き出すことを目標と考える教育です。

一方、左脳教育は、知識を教えることによって、頭の働きを作っていくという教育です。この左脳教育だけでは、本来持っている能力のせいぜい三〜一〇％くらいしか引き出せないと考えられています。

カリフォルニア工科大学のＪ・Ｅ・ボーゲン博士は、

「これまでの学校教育は、左右ある脳の主として一つの半球体（左脳）だけを教育し、半分を残したままにしている。これは高いレベルに達する可能性を持つ人間の頭脳をそのままにしておいて、学校に行かせないのと同じである」

と述べ、右側の半球体（右脳）の能力を引き出す教育の大切さを訴えています。

私たちは左脳の思考力、記憶力を使って、日々過ごしています。通常私たちは、左脳九〇％、右脳一〇％くらいの比率で頭を使っていると言われています。

ところが天才と言われる人たちは、実は左脳の働きだけでなく、右脳の働きまで上手に使っています。左脳の思考力、記憶力に加え、右脳の思考力、記憶力を使える人たちなのです。

左脳、右脳の働きを知り、バランスよく使うことを学べば、子どもは非常に優れた人として成長することができます。

大切なのは、心を育てること

子育てでいちばん大切なことは、心の子育てです。心の子育てをしないで知的な能力だけを育てることを考えていては、子育てはうまくいきません。能力をコントロールするのは、心なのです。

子どもの心、しつけ、性格や情緒、身体、社会性など生活全般にわたって、全人格的に子育てを目指さなければなりません。

子どもの心を育てるには、親の愛情を伝えるのが基本です。何ができる、できないを問題にしたり、しつけを考える前に、まず親と子の信頼関係を築くことを大切にしましょう。

信頼関係を築くには、子どもを信じ、認め、愛することです。

子どもは無意識の心の底で、親に認められたい、ほめられたい、愛されたいという願望を持っています。子どものすることに心から感動し、子どもを認め、愛し、ほめて育てると心が満たされ、親に対して絶大な信頼を寄せるようになります。親に絶大な信頼を寄せるようになると、自分をコントロールして親の思いを素直に受け取ってくれるようになります。人に対する優しい気持ちも、それが元で育ちます。

「しちだ・教育研究所」では知的なことよりも優しい心、人に尽《つ》くす心を育てることが大切と、会員の方にお伝えしています。

その優しい心、人に尽くす心は、子どもが幼児の時に親からしっかり愛されることで育ちます。

そのような様子がわかるお便りを一つ紹介しましょう。

――先日、途中入園予定の男子がクラスに入って、ほかの子たちと一日過ごしました。この子にクラスの子どもたちがどう接するのか、興味を持って見ていました。

その子にとっては新しい体験でとまどっていると、一人の女の子がかけ寄って手を引き、体を寄せて一緒にいてあげたり、プリントをする時にはわからないところを隣の男の子が見てあげるなど、ちょっとした時に思いやる気持ちが行動となって現れていました。それらの様子を見ていた男の子のお母さんも、子どもたちの優しさに大変感動されていました。

私は、この子どもたちの姿こそが、七田教育の素晴らしさの結果だと感動を新たにしました。

子どもたちが示すこのような優しさは、子どもたちがしっかり親から愛されているということが基本になっています。もちろん幼稚園の先生方が、子どもたちに優しい愛情を注《そそ》いでくださっているので、子どもたちが優しく育っているということもありますが、カギとなるのはやはり親の愛なのです。

母親に求められる四つの条件

子育て上手な母親であるために、要求される四つの特性があります。

①子どもと心の交流を心がけること。
②子どもにいつもニコニコと愛情を持って接すること。
③忍耐《にんたい》強いこと。
④お母さん自身が感性豊かで、子どもに豊かな言葉がけをして育てること。

お母さんにこれらの特性が備《そな》わっていると、子どもの知性は育っていきます。何より子どもに愛情を持って接し、母と子の一体感を育て、感性豊かに言葉がけをして育てましょう。口下手なので話すことが見つからないと言うお母さんは、自分のしていること、自分の目に見えることについて話してあげてください。

子どもとの一体感を育てると、今まで落ち着きのなかった子、学ぶ意欲のなかった子、吸収力の悪かった子が、にわかに落ち着きのある子、学習意欲のある子、吸収力のよい子に変わります。

もともと落ち着きのない子、学ぶ意欲のない子、吸収力の悪い子などという子はいないのです。母親が子どもを抱いてしっかり愛情を伝えると、どの子もたちまち変わっていきます。

六つのポイントで子育てを楽しむ

子育ては本来楽しいものです。親としての幸せを実感するような上手な子育てをしましょう。

親は子どもを十分に愛していると思っています。けれどもたいていの子どもは、親に十分愛されていないと感じています。このギャップが子育てを難しくしてしまうのです。

子育てを楽しくする子どもの見方が六つあります。

①子どもの短所を見ない。長所を見てほめる。

②子どもの今の姿をでき上がった姿と見ない。成長の過程と見る。
③完全主義で育てない。何ができる、できないという見方で育てない。
不完全であることを受け入れる。
④学力偏重《へんちょう》で育てない。
少しでも、子どものできることに感動する。
⑤ほかの子どもと比較しない。
⑥そのまま無条件で子どもを受け入れる。
今の子どもの姿を一〇〇点と見る。

この「六つのポイント」を早速取り入れ、親が変わり、子どもが変わった例を紹介しましょう。

お母さんからの手紙

大きな喜びを感じています

——先月のポイントアドバイスをいただき、くり返し読み、コピーして壁に貼っておきました。それからでしょうか、子どもたちを見る私の目・心が変わってきたのです。心からいとおしく、何をしても感謝の気持ちでいっぱいなのです。そして、口先だけではなく、心から感動し、ほめることができるのです。

自分でも、この気持ちは何だろう、と信じられませんでした。今まで何度同じアドバイスを受けても、それは他人事《ひとごと》とどこかで思っていたのかもしれません。でも私がこういう気持ちになると、やはり子どもたちも少しずつですが変わってきました。

もちろん、何から何までということはありませんが、手伝いもしてくれるようになったし、優しい言葉も自然にかけてくれるようになりました。私はそれだけでもとてもうれしいのです。〝こんなもんだ〟と思って見ると、怒ることもなくなりました。

少しでも変わったことが、私には大きな喜びです。七田教育をやっていてよかったと心から思えるようになりました。

（四歳二か月のお子さん／青森県　U.A.さん）

「信頼している」ことを子どもに伝える

子どもを信じ、愛し、認めてあげることで、最高の信頼関係を築くことができます。

信頼というのは、文字通り、信じてあげることです。子どもの行為が悪くて、その場で叱ることがあっても、子どもは本来よい子であると信じましょう。少しでも子どもが何かよくできたことがあれば、ほめてあげましょう。

親が子どもを心から信じているということが子どもに伝わっていれば、子どものほうも親に信頼を寄せてくるものです。

子どもは信頼している人の言うことは素直に聞き入れるので、叱らなくてもしつけがスムーズにできるのです。

いけないことをした時は厳しく叱らなくてはいけないという思いにとらわれてはいけません。

子どもに愛を伝え、いけないことはいけないと言って聞かせ、あとは信頼して育てていくと、叱らない子育てができるのです。

子育てが難しくなるのは、一方的に叱って育てるからです。そこのところをよく理解していただきたいと思います。

お母さんからの手紙

叱ることをやめた

——先日は、中国地区大会に参加させていただいて本当にありがとうございました。

七田先生のお話や、お母さん方の体験談を聞けて本当に勉強になりました。また、スタッフの皆様方が、本当に親切にいろいろと相談にも乗ってくださり、また我々一人ひとりに真剣にご指導くださっていることを改めて知り、胸が熱くなりました。

私自身、とにかく子どもをしつけなくては、という思いで、叱りつけてきたのですが、それがまったくの間違いだったということをつくづく思い知らされました。しちだで出されている本を読み、頭ではわかっていても、なかなか実行となるとできないものですね。とにかく叱ることをやめました。

そして、今までのことを謝りました（言葉に出して……。この時の子どもは、本当に優しい笑顔で私を見てくれました）。

そして、抱きしめようとした時に、子どものほうから私に抱きついてきてくれました。

この時の幸せな気持ちは言葉に表しようがありません。涙が出てくるのをふくこともせず、ただただ子どもと抱きあっていました。

あれから十日経ちましたが、とてもゆったりと時間が経っているような気がします。

危険なこと以外は、とにかく話して、抱きしめてわかってもらう。そして、危ないことはきちんと説明して、叱る時には叱る、と本当に自分の中に線を引いたようにその使い分けができるようになりました。

そうすると、本当にいい子になりました。原因は私にあったのですね。今までも(祖母に一日中預けていたのですが)、聞き分けのいい子だと言われていたのですが、一段とお姉さんになったと言われるようになりました。

(高知県　S.H.さん)

子どもは親の言動をそっくりに真似ることを知る

「子は親の鏡」と言いますが、子どもは親の言うことはなかなか聞かないものの、親のすることは結構真似《まね》をするものです。

親も、忙しい時は、子どもに対してつい厳しい言動をしてしまったり、きつく言い放ってしまったりするものです。

そんな時、子どもは下を向いてつまらなさそうな顔をして聞いているのですが、その影響は後になって、どこか別の場面で表出するものです。例えば、自分が息子に何か言っていた姿そっくりに、上の子が下の子に対してきつい物言いをするなどという形で現れます。

このように、子どもは親の普段の言動をしっかり見ていて、同じようにふるまうものです。ですから、そういう意味では、親も謙虚《けんきょ》になっていただきたいと思います。

また、子どもの前であまり夫婦げんかをしないようにしましょう。もちろん、生身の人間ですから、一〇〇％理想通りにことは運ばないでしょうが、できるだけ心がけるべきです。

自分の親の「負の子育て」を引きずらない

どんなに我が子を心の優しい子に育てたいと思っていても、自分が子どもに優しく接してあげなければ、それは絵に描《か》いた餅《もち》になってしまうものです。

子どもにいつも厳しく接してしまうお母さんは、自分が子どもだった時、親が非常に厳しい人で、きつく叱られてばかりいたのではないでしょうか。

子育ては基本的に、自分が親にされたのと同じ育て方を、自分の子どもにもくり返してしまうものです。自分の親は私にこう接した、自分にこういうふうにしか接してくれなかった、という負《ふ》の部分をいつまでも引きずって、自分の子どもにも同じようにしてしまうことはやめましょう。

親が自分を育ててくれたやり方の中で、これは自分が親になったらこうはしたくないなと思う部分は、誰しも多少はあるものです。しかし、何の気なしに子育てをしていて、「ああ、自分も親と同じようなことをしているな」とふと気づくことがあります。それは、子育てに限りません。親の影響というのはどうしても大きいからです。だからこそ、悪いと思うやり方は自ら意識して変えるようにし、いいと思う習慣は自分から始めたいものです。

父親も積極的に子育てを担当

子どもが生まれて最初の一年くらいの乳児期は、母子の間の密着が最も強い時期です。この間はお父さんが子育てに参加するとしても、限定的になってしまうものですが、子どもが離乳したら、父親も子育てにおいて自分の役割を果たしていくべきです。

我が家の場合は、妻が健康関連の仕事をしているので、子どもの健康に関しての担当者は母親でした。そして、いわゆる心の優しさや、知育的な賢さを身につけさせていく役目は私がリーダーシップをとって、子どもを導いていくようにしていました。

仕事などで忙しいと、どうしても子どもと接する時間が短くなりがちですが、接する時間が少ないと、自分の子どもでありながら、自分の影響を与えることができなくなってしまいます。

子育てを母親だけに担当させることはしないようにしましょう。

子どもに影響を与えることができる貴重な時期を、父親も大事に過ごしてほしいと思います。

お母さんからの手紙

父母で絵本を読んでいます

——以前、ＮＨＫで、「子どもは父親に求めるものと母親に求めるものが違う」という番組を放送していました。

そこで何冊かの絵本を二人して読んで、子どもの反応を見ましたら、優しいやすらぎのある絵本は母親が、少し怖いようなワクワクする内容の絵本は父親が読んであげるほうがいいようです。というのも、子どもの喜び方が違うのです。

何度か試して確信を得た主人は、それから子どもの喜ぶ顔を見たさに本を読んでくれます。

子どもがいちばん喜ぶのは、父親のおもしろい顔ですが、子どもの笑顔を見て親子で笑い声が飛び交うのが何よりです。

（神奈川県　T.M.さん）

三歳からの『イソップ物語』

幼少時代にどのように親と接し、どんなふうに過ごしたかは、その後の人格形成に大きな影響を及ぼします。

親の愛を十分に子どもに伝える子育てをしましょう。日頃の言葉や態度、抱擁《ほうよう》、スキンシップなどを通して、愛情は伝わります。

その上で、心の話を聞かせるようにしましょう。親の愛が伝わると、子どもの心が育ちます。

心の話は、子どもの心の栄養となり、またプラスの波動を生みます。心の話をして、自分のことだけを考えるのではなく、

＊人を思いやる心を育てる
＊積極的に行動する
＊自分から進んでいいことをする

などの大切なことを伝え、大きな心の持ち主になる子育てをしましょう。

三歳くらいからするとよい心の話の例としては、『イソップ物語』があります。イソップの話は子どもにわかりやすく、教訓に満ちています。その話が何を伝えようとしているのか、子どもに考えさせるとよいでしょう。子どもは自分で教訓を見つけます。直接自分に言われてわからないことでも、客観的にお話の中で伝えられるとわかりやすくなります。

「心の話」で豊かな人間性を育てよう

これからの人間像として求められるものの一つに、人間性があります。
人間性のいちばん中心になるのは、人間愛です。自己中心的な心でなく、人を愛

する心です。

人間愛の基本は、母親が子どもに十分な愛情を伝え、子どもの心を開くということです。

お母さんからたっぷり愛をもらって育った子どもは、心が優しく、人のことを思いやることができるのに対して、お母さんから十分愛をもらっていない子どもは、とても人のことを思いやる気持ちなど持てないのです。

子どもに「心を大きくしようね。心の大きい人がいいんだよ」と言って聞かせましょう。「自分のことばかり考えている人は心が小さいんだよ。みんなのことを考えられる人が心が大きいんだよ」と話して聞かせましょう。

普段そのように心の話をして育てると、自己中心的な心ではなく、人を愛する心、豊かな人間性を持った子どもが育ちます。

次は、そのような豊かな心を持った子どものことを報告してくださったお母さんからのお便りです。

お母さんからの手紙

我が子の夢

——先日我が子が、大きくなった時の夢を私に話してくれました。本人は、「恥ずかしいので誰にも言わないでね」と言いました。

あの子なりに、中学校は私立の有名中に進み、その高校へ進み、大学まで行って勉強し、いろんな研究をしたいそうです。

私が「大きくなったら何になるの？」と聞くと、初めはなかなか言いませんでした。「言えば必ず笑うから……」とのことでしたが、やっと言ってくれたのが、〝ゴミを集めて回る人〟です。ゴミを回収して、その回収したものの中からまた別のものを作りたい。例えば肥料にしたり……とかで、それを言った後すぐに、「ネッ、お母さんおかしいでしょ？　皆に言えば笑うからいやなんだ」と言うので、「お母さんうれしいな。Mがそんな立派なことを考えているなんて！　必ずいいものが作れるよ」と言うと、本人も喜んでいました。

幼稚園のお友だちは、パイロットとか、学校の先生とか、中にはマンガの主人公とか……。

親は、我が子がそんなふうに考えていたとはまったく知らず、四歳十か月の子が考えることかなぁと、びっくりしました。

（四歳十か月のお子さん／長崎県　Y.K.さん）

・第一章・
効果的に知力を伸ばすために

六歳までに「働きかけ」

子どもの素質や才能の成長の法則の一つに、「才能逓減《ていげん》の法則」があります。子どもの頭脳は、驚くべき可能性と吸収性を持っています。この能力は年齢が低いほど強く働きます。

子どもに対して働きかける時期が早ければ早いほど、才能の伸びる可能性は広がると言われているのです。

子どもが〇歳から三歳までの間は、天才的な吸収力を持った時期、三歳から六歳までは、わずかなお遊びで優れた素質が身につく時期です。素質は生まれつき定まっているものと一般に考えられていますが、そうではなくて、生まれてからの子育てで育つものなのです。生まれつきよい素質、悪い素質などという区別があるのではないのです。この時期に、子どもの優れた素質を育ててあげるのは、親の役目なのです。

一方、子どもが小学生になると、素質を身につけるには努力が必要な時期に入ってしまいます。ここから高い素質を身につけるのは、非常に困難です。ですから、素質は就学前までに育てておかなければいけないのです。

小学校入学後は、素質があってやればできるのにやらないということがないように、子どものやる気を引き出してあげることが大切になってきます。

左脳にもバランスよく働きかける

左脳は、右脳のひらめきや感性を論理的に表現する、認知脳・表現脳なので、いくら右脳の働きがよくても、言語脳である左脳の働きが悪ければ、言葉が出なかったり、文字が読めなかったり、言葉を使って考えることができません。

また、左脳は分析や論理性を司《つかさど》ります。頭は右脳と左脳がバランスよく働いてこそ、よい働きをするのです。

右脳も左脳もよく発達する時期は、〇～六歳の幼児期です。幼児期に文字を教えてはいけない、知的な取り組みをしてはいけない、という考えにとりつかれていると、左脳の発達に支障《ししょう》をきたし、学校に上がってから学習がうまく進まない子どもを育てることになります。右脳・左脳にバランスよく働きかけていきましょう。

左脳を育てるには、生まれた時から豊かに語りかけて、見たり、聞いたり、動いたりする機会を十分に与えることです。いろいろなものを見せ、目から入る印象を豊かにすることを心がけましょう。そして、豊かな語彙力《ごいりょく》を与え、言語を操作する能力を高めればよいのです。

しっかり「入力」すると、出てくるものもよくなる

赤ちゃんの頭は、生まれると同時に外部からの刺激を受け、成長し始めます。外部からの印象を見聞きすることによって、感覚回路が開きます。これは入力回路です。

一方、言葉を話すというのは運動回路で、これは出力回路です。

出力回路は、入力回路の結果であるということをしっかり理解しましょう。言い換えれば、感覚回路をしっかり育てれば、運動回路はよく育つということです。

「言葉が話せないから言葉を話す訓練をする」という考えでは、言葉は育ちません。言葉の入力をしっかりして、言葉を受け取る入力回路、つまり感覚回路をしっかり築いてあげれば、出力回路である言葉を話すほうの運動回路の働きがよくなり、よく話せるようになるのです。

言葉の感覚回路は、見ること、聞くこと、この二つによって育ちます。このうち、見ることと聞くことのどちらの刺激が感覚回路を開く比重が大きいか、ご存じでしょうか。実は、見る刺激のほうがはるかに感覚回路がよく開くのです。スタートは読み聞かせですが、読み聞かせで終わってはいけません。優れた頭の働きを作るには、読み聞かせから文字読みに結びつけて、読みの力を育てることが大切と心得ておきましょう。読み聞かせをしっかり続けると絵本読みにつながります。

話を聞かせるだけで終わるよりも、文字を読ませるほうが、頭の働きはよくなるのです。よりよい出力回路を開くには、読む力をしっかりと育てることが大事だと言えます。

ダウン症のお子さんでも、できるだけ早く話しかけたり、手を使わせたり、その上さらに文字読みを教えたり、プリントをさせると、養護学級でなく、普通学級にいける子が育ちます。それほど幼児期の読ませる取り組みは大切なものです。

ダウン症のお子さんを、七田式で育てたお母さんからのレポートを次に紹介しましょう。

お母さんからの手紙

学校生活、頑張っています

――いつも適切なアドバイスありがとうございます。

入学してから一か月余り経ち、Y本人も学校生活に大分慣れてきました。最初、普通クラスでは、無理ではないかと心配していましたが、担任やクラスの仲間に支えられ、みんなと同じようにこなしています。ハンデを持ちながらも、給食当番や勉強も同じようにしています。（中略）毎日帰ってプリント、本読み、宿題をこなし、絵カード、ひも通し、ブロックで言葉作り、カセットで音楽を聞く、終わったら外遊びをして、食事、お風呂、就寝で一日が終わる感じです。

今、本人は毎日が楽しく、張り切って学校生活を送っています。休み時間でも、クラスの仲間と遊んでいるらしく、チャイムで自分の教室に戻ることができると聞きました。当然だと言えばそうでしょうが、ハンデを持つ子にとっては、ほかの子と遊ぶことや、まして四十五分間の授業中、ずっと座れるということはすごい力だと思います。一段一段と階段を昇るように力をつけていってくれているんだと、心よりうれしく喜んでいます。やはり〝継続は力なり〟でしょうか。

これからも、Yを支えていきたいものです。節目ごとに、強運でしょうか、すべて物事がいい方向へ進んで行っています。親の心配をよそに、周りの人たちにも恵まれ、支えられて毎日を過ごしています。

（六歳五か月、ダウン症のお子さん／兵庫県　T．U．さん）

絵本の「読み聞かせ」はこんなに力を伸ばす

我が家の場合、子育ての中でいちばん大事にしていたのは、絵本の読み聞かせです。

子どもが〇歳児の頃から、読み聞かせを始めていました。〇歳児では子どもがまだ絵本に興味を示さず、親のほうが拍子抜けしてしまうこともありましたが、毎日必ず、子どもが寝る前に三冊くらいは絵本を読んであげるようにして、子どもが絵本と接する環境を作ってあげるようにしていたのです。

そのおかげか、うちの子どもたちはとても絵本好きに育ちました。それが文字読みにつながり、特に、いちばん下の子どもは三歳になると、自分で拾い読みができるまでになりました。

拾い読みの場合、決してスラスラ読めるわけではなく、たどたどしかったり、たまに間違えたりもします。「おおかみが」というところを「お・お・か・み・が」という感じで、一字一字拾って読んでいきます。

しかし、その過程を経ると、だんだん「おおかみが」というふうに、スムーズに読めるようになっていくのです。

拾い読みができるようになると、身の回りにあるひらがなに興味を示すようになりました。例えば、薬屋さんの看板にひらがなで「くすり」と書いてあるのを見つけると、「くすり」とか「りすく」などと読むようになりました。また、食卓にお刺身が出てくると、わさびのチューブを手にとって「わさびって何？」と聞いてくるようになるなど、手当たり次第、文字があるとそれを読むようになったのです。

実は、下の子は〇歳から二歳の間、ほとんど言葉を話さない子でした。周囲で「この子はもうすぐ二歳になるのに、全然しゃべらないな」と心配するくらい、しゃべらなかったのです。しかし、二歳の誕生日になった途端《とたん》、しゃべり始めたのです。

読書の訓練は、乳幼児期から

幼稚園児や小学生の間では、語彙数の少ない子どもは乱暴で、短気なものです。言葉が豊かで読書力のある子ほど穏やかです。

一歳の間、言葉が自由に出ないため、短気でよく泣いて怒っていた子どもが、二歳を過ぎ言葉が豊かになると、うそのように短気が消えてしまう姿がよく見られます。

言葉が豊かになり、自分の気持ちが楽に伝えられるようになると、不満が消えて穏やかになるのです。

言葉が豊かであると、周りのことが豊かに吸収できるようになります。小学生でも語彙数が少ないと、授業がわからず、豊かな吸収ができないので、乱暴になって、エネルギーをそちらで発散させようとします。

かつてある小学校の先生が、次のように話していらっしゃいました。

「小学校一〜二年の頃は算数の成績の差がなかったのに、小学校の三〜四年の頃から成績の差がついてきます。五〜六年になるとさらに大きな差がつくという現象があります。ある子は大変優れた答案を書き、またある子は筋《すじ》の通らぬ、意味の理解できない答案を書きます。

これがどうして起こるものかわかりますか。それは読書力の差によるものです。

小さい頃からよく読書する習慣のある子と、読書をしない子との差が、高学年になるほど大きく現れてきます」

この読書力は、乳幼児期に与えてあげることが、いちばん楽に身につけさせる方法です。

赤ちゃんの時からたくさん本を読んであげましょう。すると読書好きの子どもに育ちます。

続いて字を教え、二〜三歳で楽々と本を読みこなすようになった子は、一生読書欲を持ち続け、小学校に入学してからも読書が楽しく、読書を深めれば深めるほど、ますます学力を高めていくようになります。

絵本の読み聞かせの具体的なやり方については、第三章の中でさらに詳しく紹介します。

習い事で才能の引き出しを開ける

習い事は、子どもの可能性を開くものですから、いろいろなことを習わせるとよいでしょう。

生まれた時は、すべての可能性の引き出しにカギがかかっています。しかし、例えばピアノを習わせてあげれば、ピアノや音楽に関する引き出しのカギが開きます。あとは、本人がやる気になった時に、ピアノや音楽に関する可能性の引き出しをいつでも自由に開けたい時に開けて、開花させればいいわけです。能力はある程度それまでに育ててあげていますから、あとは自分の思い通りになるわけです。

これは、別にピアノに限った話ではありません。英語でも、そろばんでも、スポーツでも皆同じことです。ですから、時間的・経済的に余裕のある限り、いろいろなことをやらせてあげてください。

また、子どもは小学校低学年くらいになると、自分であれもやりたい、これもやりたいと親に言ってくるものです。というのは、そのくらいの年齢になると、仲のいい友だちが習い事をしているということを聞くと、「○○君が行っているから、僕も××を習いに行きたい」などと言い出すようになるからです。

本人がいやがる習い事には無理して行かせない

ただ、習い事をさせる際は、本人に習いたい意志があるかどうかをあらかじめ確認し、いやだと言うものは無理に行かせないようにしましょう。

子どもが習いたいものと、親が習わせたいものが違う場合は、子どもの興味を主にすべきでしょう。子どもにする気がないのに習わせても、それは子どもの能力を大きく引き出すことにはならないからです。親が習わせたいものがあれば、その時は親がまず自分で楽しく学んでいる様子を見せて、子どもが「僕も習いたい」と自分から言い出すように、上手に動機づけをすることを考えましょう。

私は息子が小学校低学年の頃、本人に「そろばんを習わないか？」と聞いたら、「行く」と言うので、それ以来そろばんを習わせていました。初めの頃は、そろばん教室の時間になると、親が車で連れて行っていたのです。

しかし、だんだん子どもも大きくなってきたこともあり、一人で自転車で行かせるようにしたところ、その時間も外で遊んでいて、教室に行かないということが増えてきました。息子としては、そろばんへの情熱がさめていたのです。ほかにもっとやりたいことができたからです。

そこで私は、「やめたいのならやめてもいい。行かないのなら、月謝はもう払わないよ」と話をしました。結局、息子はそろばんをやめることになり、今までお世話になっていた教室の先生のところに、親子二人であいさつに行きました。すると、先生へのあいさつを終えた後、息子は私に「お父さん、ありがとう」とお礼を言ったのです。

息子としては、そろばんをやめたい気持ちが本当に強かったのだと思います。それで、普段滅多《めった》に言わないお礼を、父親の私に言ったのでしょう。

しかし、その後、「お父さん、僕、そろばんやっていてよかった」と言うことがありました。そろばんを習っていたおかげで、算数の計算がほかの子よりも速くでき、得意になっていたのです。

習い事の先生とはコミュニケーションも練習できる

習い事をさせる効用は、例えば習字なら習字、ピアノならピアノが上達するということばかりではありません。先生との人間同士のコミュニケーションも、子どもにはいい影響を与えます。

例えば、うちの子は習字の先生と、「お父さんと○○に行った」とか、「お母さんと△△をした」といった話をよくしていたようです。親が忙しくて話を聞いてもらえない分を、習字の先生に聞いてもらっていたようなのです。習字の先生からは

「お宅のお子さんがこんなことを言っておられましたよ」と、後で聞かされたりしました。

また、ピアノの先生からは、うちの息子について、やればできるタイプというか、飲みこみは結構早いほうだと言われました。けれども、実際は息子がなかなか練習をやらなくて、いつも間に合わせのようなことをするので、よく厳しく叱ってくださったようです。

厳しい先生は、技術的な面で上達するように教えてくれるだけでなく、人間的な面でも大切なことを子どもに諭《さと》してくれるものです。

スポーツをやらせることで、貴重な経験ができる

我が家の上の子は、身体を動かすことが大好きで、小学校二年生から四年生の途中まで野球部に所属していました。その後、ドッジボールのクラブに入ったのですが、ドッジボールを始めてから、礼儀の部分がかなり身につき、まだ一〇〇点ではありませんが、八〇点はあげられるかなというところまで来ました。

これは、指導者に負《お》うところが大きいです。ドッジボールの監督は、子どもの心

を惹《ひ》きつけるのがとても上手で、一生懸命プレーした子どもに「お前、頑張ったな」と声をかけたり、練習を休んだ子の家に電話をかけて励ましたり、熱心に指導してくれる人だったのです。

彼の入ったチームは、実は全国大会によく出場する強豪《きょうごう》チームでした。毎年夏にドッジボールの全国大会があるのですが、何度も県代表になりました。

こういった強豪のチームに所属し、県内で優勝するという経験、一番になるという経験をすることと、全国大会に行ってこてんぱんにやられ、上には上があることを体験し、悔し涙するというような経験をさせてもらえることは、子どもにとって非常によかったと思います。

ドッジボールは、とても息子の肌に合ったらしく、一生懸命取り組んでいました。

運動部に入ると、毎週のように週末は何らかの試合や練習があって、家族で一緒に行動できない状況になると思います。日曜日を潰《つぶ》して、ずっと子どもの試合を見てあげることはできない、という人もいるでしょう。

けれども、親が見ているのと見ていないのとでは、やはり子どもの動きに違いが出てくるものです。ですから、大事な試合の日だけでも時間を作って、見に行くようにしてあげてください。

歌をたくさん聞かせる

私が子育ての中で、絵本の読み聞かせの次によく取り組んだことは、CDを聞かせるということです。保育園の送り迎えなど、車での移動が多いので、十分程度で目的地に着くような場合でも、CDを欠かさず流して子どもに聞かせています。最もよく聞くのは、やはり歌で、童謡や絵描き歌などです。六〇曲の童謡の入ったCDを年がら年中流していましたので、うちの子どもたちはこれらの童謡をすっかり覚えてしまいました。そのため、保育園の先生がびっくりしていました。どうやら、保育園で歌を歌い始めたら、うちの子が結構リードして歌っているようなのです。どんな歌でも、たいてい歌うことができます。

また、テレビで放映されている『それいけ! アンパンマン(一九八八年十月三日より、日本テレビ系列で放映中)』や『とっとこハム太郎(放送期間:二〇〇〇年七月七日~二〇〇四年三月二十六日)』などのキャラクターもののアニメ主題歌なども含めて、音楽はたくさん聞かせています。

「聞く」取り組みでは、親も一緒に楽しんでみせることがコツです。きょうだいがいる場合は、上の子が喜んで聞いていれば、「僕も」「私も」と下の子も真似するようになります。

一人目の子どもの場合は、親が一緒に歌ってあげましょう。そのうちに、子どもが気に入って何回もくり返し「聞かせて」「聞きたい」と言ってくる歌が出てきます。

童謡や絵描き歌などをたくさん聞かせてあげることは、子どもが言葉を覚えていく過程で、大いに助けになります。語彙を与える上で、非常に役に立つのです。それればかりでなく、音感を育てることもできます。子どもを音痴《おんち》にしないようにし、音感を育てるには、六歳までが大切という理論もあります。

また、童謡には、日本古来の表現方法のようなものも含まれていますし、歌詞そのものがリズミカルで、詩的な感情や文化的な素養が、知らず知らずのうちに子どもに備わっていくという効用もあります。

文字を獲得すると、子どもは一気に変わる

人類の歴史において、文字の獲得《かくとく》がその後の文明の発達につながっていったように、子どもも文字を獲得すると、その後の成長がかなりのハイスピードで進んでいくものです。

子どもが文字を獲得すると、一気に顔つきが利発になってきますし、簡単に騙《だま》されないようになってきます。

これは私の息子の話ですが、外に食事に連れて行って、息子に「ジュースが飲みたい」とねだられた時に「ジュースはここのお店には、ないよ」と答えると、文字を読めない時は「ないのか」と、すぐあきらめていたのですが、メニューの文字を読めるようになってからは、「ジュースってここに書いてある」と、指摘をしてくるようになりました。

このように、文字がわかるようになると、子どもはだんだん大人のような会話ができるようになっていきます。

文字を獲得させるには、読み聞かせがいちばんです。しかし、それは文字を獲得

するための一つの種まきにはなりますが、それだけでは十分ではありません。読み聞かせ以外にも、時々子どもと一緒にかるた取りをやってあげたりするとよいでしょう。

また、親だけでなく、おじいちゃん、おばあちゃんなどの働きかけがあるかどうかによっても、変わってきます。

電話番号を覚えさせて、記憶力アップ

毎日の生活の中で、よくかける電話番号を子どもに教え、覚えさせましょう。電話番号というのは意味のない数字の羅列《られつ》ですが、子どもは右脳で簡単に覚えてしまうものです。

右脳には、左脳の記憶とはまったく違った記憶があります。一目見たものをそのまま記憶し、それを映像で再現する力があるのです。口では言えないのに、指で正しい番号を押したりするのです。

基本的に、子どもは右脳が優位に働くので、右脳記憶が自然にできるものですが、覚える訓練をしてあげることで、右脳記憶をすっかり身につけさせることがで

きるのです。

電話番号を暗記させることは、記憶力を育てるトレーニングになります。電話番号というのはだいたい一〇桁《けた》くらいあります。このような意味のない数字の羅列を覚えていくことは、記憶力を高める訓練にもなるのです。

鉛筆を持たせる、ハサミで切らせる

子どもが鉛筆を持てるようになったら、線を引かせたり、迷路をやらせたりしましょう。また、ハサミが扱えるようになったら、切り絵の教材をやらせたり、いらない紙などを切らせてあげましょう。

鉛筆で線を引かせたり、ハサミで紙を切らせたりすることが、なぜ必要なのでしょうか。それは、このような取り組みをさせないと、それまでに入力されてきたものがなかなか定着したり発展したりしないからです。

ただ教え、与える一方というのは、基本的には右脳的な取り組みなのですが、それを使える力として定着させるためには、左脳の力に結びつけていかなければなりません。そのためには、手先を使わせることが大切で、鉛筆を持たせることや、ハサミで切らせるというような取り組みをしていくことが大事になってくるわけです。

やはり、身の回りにハサミがあるということが、出発点になります。子ども用のハサミを、手の届くところにおいてあげるようにしましょう。

そして、ハサミを持たせてまっすぐな線を切らせるとか、カーブを切らせるとか、いろいろやらせてあげてください。切り絵の教材なども、子どもは集中してやるようになります。その代わり、ハサミは危ないものですから、必ず親もそばにいて見てあげるようにしましょう。

これは、別にハサミに限ったことではありません。子ども本人が興味を示したものに親がつきあって伸ばしてあげるというのはよいことです。

子どもが上手にできるようになったことに対して、大人がびっくりしたり、「よくできたね」と称賛《しょうさん》の声を上げたりすると、本人も注目されて、ほめられたことに悪い気持ちはしないわけで、そのことにさらに熱中し、技能を高めていく原動力になります。

特別意識を持たせないように、親がフォローする

逆に、あることに関して、何でもよくできると、別の心配が出てきます。それは、子どもの中に「自分は特別」という意識が育ってしまう場合があるということです。

小さい頃にあまりにも周りに持てはやされすぎると、天狗《てんぐ》になってしまう場合があるのです。また、プライドが高すぎる子どもになってしまうなどの弊害《へいがい》も出てきます。ですから、これは小学生になってからでかまいませんが、勉強ができるということがいちばんいいことだとか、人間として高等なのだという誤解を子どもがしないよう、親がフォローしてあげることが大切です。

「僕はこんなにハサミで上手に切れるのに、○○君は切れないから、人間として彼はダメなんだ」というような見方を、間違っても子どもがしないように、親が正しく導いてあげなければなりません。子どもがこのような見方をした時は、確かにハサミは上手でないかもしれないけれども、「○○君は字をとってもきれいに書くよね」といったように、人のいいところを見つけて認めるというような習慣づけをし

てあげることも必要です。

このような話は、せいぜい子どもが四歳、五歳くらいにならないと、なかなか通じないかもしれませんが、それをしないまま、知的能力を高めることだけを推《お》し進めていくと、大人になってから鼻持ちならない奴と言われるような人間に育ってしまいます。

「能ある鷹《たか》は爪《つめ》を隠す」という言葉もあります。いざその能力が必要というような場面に出くわしたら自分の能力を示せばよいのであって、人に自慢するためだけに、せっかく備えた能力をひけらかすというのはよくないよ、と教えてあげてください。

右脳を左脳に結びつける取り組みが必要

あるお母さんの話です。子どもが小学校に入学するまで右脳の取り組みに力を入れ、入学後も子どもが右脳の取り組みを楽しんでいるので、左脳は学校まかせにしていたところ、二年生の一学期を迎えた時に、学校の成績がすっかり悪くなってしまったそうです。どうしたらよいのかと、うちに相談に来られました。

「それは右脳の取り組みだけに偏《かたよ》っているからです。左脳も鍛えて、右脳、左脳をバランスよく育てなければいけません。右脳を左脳に結びつけることをしてくださらないと」と、アドバイスしました。

子どもが頭でわかっているとしても、それをアウトプットするというのは、また別のことです。

そこで、そのお母さんは、にわかにプリントなどで子どもの左脳の取り組みを強化されました。すると、二学期からは、成績のいい子どもに早変わりしたそうです。

このように、右脳の取り組みだけに偏らず、左脳の取り組みもバランスよく育てることが大切です。

・プリント学習の進め方・

プリントは、子どもの知育面を伸ばす集大成の教材です。

「七田式プリント」は、鉛筆が使えるようになる三歳頃（二歳半〜三歳半くらいが目安）から取り組むようになっています。「ちえ」「もじ」「かず」の三種類から成っていて、毎日各一枚（計三枚）ずつ取り組みます。これを休まずに

七田式プリントA「かず」

継続すると、一年で自然に平均二〇程度のIQアップにつながります。

子どもが三歳の頃からプリント学習をやらせるようにして、学習習慣と高い基礎学力を身につけさせましょう。

プリントを進めていく上で、いくつか心得ておいていただきたいことがあります。

第一に、プリントは「腹八分目《はらはちぶんめ》」に与えることです。与えすぎはよくありません。子どもが喜んでするからといって、いっぺんにたくさん与えすぎると、結果はよくありません。長続きせず、息切れがしてしまいます。それは記憶として定着せず、与えすぎはむしろ記憶の芽《め》を摘《つ》んでしまいます。

第二に、先を急がないことです。先を急がず、じっくりくり返しを多くすることを考えましょう。くり返しが高い基礎能力を育てます。

第三に、どのプリントにも一〇〇点以外を書かないことです。六〇点や八〇点を与えてはいけません。間違ったところはちょっと印をして、もう一度やり直させ、できたら一〇〇点をあげるのです。こうして全部一〇〇点にしながら進めます。六〇点などをつけて、子どものやる気を失わせないようにしてください。いつも一〇〇点をもらえば、子どもは楽しく取り組みます。

第四に、一〇〇点以外の評価を知っていただかねばなりません。一つの問題を処理し、一〇〇点を取っても、それが十分、十五分とかかっているなら基礎能力は高く育っていないのです。

これはくり返しをすることで、八分となり六分となり、しまいには二分や一分をきるようになります。そうなって初めて高い能力に変わったといえるのです。プリントに制限時間のついているものは、その制限時間内でこなせるようになってから、次に進めてください。

第五に、やさしいところから出発していただきたいということです。いきなり難しいところからスタートせず、段階を踏《ふ》んで進めていくようにしましょう。

お母さんからの手紙

やっていてよかった！

——プリントCもいよいよ難しくなってきました。Sも幾度となく、くじけそうになりますが、「絶対にプリントはやめない」と言って頑張っています。

特に〝かず〟のプリントでは、足し算九九、数の合成を覚えていないので四《し》苦《く》八《はっ》苦《く》しているようです。

小学校の授業の進み方はとても速く、驚かされます。算数ではもう引き算が始まっています。

入学前にしちだのプリントをやっていて、本当によかったと思います。

これからも親子で楽しくプリントをやっていきたいです。

（六歳二か月のお子さん／栃木県　T．K．さん）

子どもの学習意欲を満たしてあげる

読売新聞社から出版された『天才マイケル　育児の秘密』（ケビン・ジェイムス・カーニー／キャシディー・ユミコ・カーニー、一九九五年刊）という本があります。マイケルは十歳四か月で大学を卒業した天才です。彼はどのように育てられたのでしょうか。

マイケルは一歳になる前から字を読み始めました。生後八か月でテレビのコマーシャルに出てくる文字を、自然に声を出して読み始めたのです。

これを見た両親が、マイケルが一歳になった時から、文字カードを見せて文字読みを教え始めました。「ママ」「パパ」「目」「耳」「鼻」などの単語が書かれたカードを子どもの目の前で、一枚一秒でさっとフラッシュして見せます。

マイケルはこの方法で、平均して一日に五つの単語を覚えていきました。一か月後には一五〇の単語を覚えました。それがマイケルの人生を変える発端《ほったん》となりました。

マイケルは字が読めるようになると、とても本好きになりました。山のような本を読みこなしていきました。

二歳で小学校二年生レベルの本が読め、足し算、引き算ができ、字も書けました。学習意欲がものすごく、これを満たしてあげることが両親の仕事となりました。決して押しつけて学ばせたのではなく、両親はマイケルの学習意欲を満たす努力をしていっただけなのです。

マイケルは、子どもの学習意欲を上手に満たしてあげると、このような子どもが育つというモデルです。学習意欲のある子どもを育てておられるご両親には、この本はよいテキストになるでしょう。

子どもの学力には七種類ある

今まで子どもの学力というのは、学校の勉強ができる、できないという尺度《しゃくど》で測られ、判断されてきました。

しかし、現在、子どもの学力の判断基準は七種類あると言われています。それは、次のようなものです。

①文字の能力
②数、数学の能力
③スポーツの能力
④芸術の能力
⑤EQ（心的能力）
ＥＱとは、失敗にくじけないことや、人のことを思いやれること、我慢《がまん》ができること、そういった心の力のことを言います。
⑥自然に対する能力
例えば、昆虫が好きであるとか、花を見ることが好きであるとか、宇宙のことに興味があるとか、農業・漁業に興味がある、山登りに興味があるなど、大自然に対して親しみを感じる力のことです。
⑦対人的な能力
人と調和して友だちをたくさん作れたり、リーダーシップがあってみんなを引っ張っていけるといった能力です。

このように、子どもの学力の判断基準として七種類の能力があるというわけです。そして、この中のどれでもいいので、子どもの得意なものを見つけて伸ばしてあげるのが親の仕事ではないかと言われ始めています。

学校では、文字の読み書き能力や、数の能力ばかりが求められて、優れたEQを持っているとか、対人的な能力があるとか、あるいはスポーツが得意であるといった面があまり評価されない状況があります。

そのため、例えば子どもが虫好きで昆虫の観察ばかりやっていたりすると、親はどうしても、うちの子は虫にばかり気を取られていて大丈夫かしら、学校の勉強はどうなのかしらと考えてしまいがちです。

しかし、子どもの持っている独自の才能を伸ばしてあげること、子ども自身が持っている、その興味に対する意欲を失わせないように伸ばしてあげることが親の仕事、役目ではないでしょうか。

子どもの人生においては、学生時代が究極の目的ではないわけで、学校では、むしろ学校を卒業して世の中に出てからどうしていくのか、ということのほうが、もちろん大事なわけです。ですから、目的というのを学校や学業自体に置かないことが大切です。

「あなたはこれを伸ばしなさい」と親が勝手に決めるものではなくて、そこには子どもの姿が先にあって、子どもの得意なところを伸ばしてあげるべきなのです。

例えば、魚釣《つ》りに興味がある子どもなら、その魚釣りがもっともっと得意になるように、それに関わることで力を伸ばしてあげればいいでしょう。いろいろな魚の名前を覚えさせることや、それらを漢字で書けるように教えることなど、さまざまなことができるはずです。

親はできるだけ子どもが得意なことを伸ばしてあげるようにし、もし親が直接できなければ、そういう環境をなるべく作ってあげるようにすることです。

昨今《さっこん》は「人に使われる」だけでは、リストラされてしまうような世の中です。一人ひとりが自立を目指して事業家になれるように、リストラされても自分で事業を興《おこ》してやっていけるような力を育てるということを、小学校、中学校、あるいは幼児の教育の中に入れこんでいく取り組みが既に始まっています。

具体的には、お店屋さんごっこをもう少し発展させて、仕入れの段階からやらせるそうです。農家に行ってこういうものを仕入れてきて、いくらで売るとこのくらいの利益が出る、というような経済感覚を子どものうちから身につけさせる取り組みが、教育現場で行われ始めているのです。

子どもが得意なこと、独自の才能は、できるだけ認め、それを伸ばすように声をかけて、その才能が潰《つぶ》れないように見守っていってあげるのが、親の大切な役割だと言えるでしょう。

押しつけないことが大切

幼児教育が大切といっても押しつけはしないようにしましょう。

子どもがやりたがらないのに、幼児教育が大切と聞いて、押しつけてしまったら必ず失敗します。子どもが楽しんで学びたがるから、親が子どもの学びたい気持ちを損なわないように環境作りをして、学びたい気持ちをサポートしてあげる。それが親の役目なのです。

親が無理をして子どもに何かを詰《つ》めこもうとすることは絶対に避けてください。それよりも、「我が家でできる範囲内でする」というセカンドベスト主義でするほうがいいのです。そうすれば親も子もストレスのない子育てになり、それで十分子どもが伸びていくのです。

お母さんからの手紙

私流〝手抜き教育〟

――いつもご指導ありがとうございます。七田先生や諸先生方の教え通りにはなかなかいかず、日々反省の毎日を送っています。とはいえ、私自身、もともと子育てについて〝こうあるべき〟というポリシーもあまり持たず、これまでセカンドベスト主義的な考えで過ごしてきました。

主人も私以上におおざっぱな性格で、「子どもはこんなもんや」が口癖《くちぐせ》のような父親です。そのせいかどうかは知りませんが、Tものびのびおおらかに育っているようです。

この先我が子にどういった道を歩かせようかという気はなおさらなく、「じゃあ何のために幼児教育やってるの？」と聞かれても困ってしまう有様《ありさま》です。

ただスクスクとまっすぐに育ってほしいという気持ちだとは思うのですが……。

創造力と想像力を養ってもらいたいという気持ちもあります。

あまり親の期待をかけすぎてはと思い、ずいぶんと手抜きをしながらの取り組みだと感じています。

しかし結果的にやはりこの〝手抜き〟がよかったように思います。ギュウギュウ詰めこんでも、子どもにとって負担になることだってあると思います。〝この時期にこれだけはできるようにしないとダメ〟では、子どもだっておもしろくないですよね。

私の場合、子どもがいやがって取り組んでくれないものはパスします。現在はフラッシュカード（注：七五ページ参照）がそうですが、〝いずれまた見てくれるわ〟と思い、手抜きしています。子どもの好きなもの、やりたいことをしてやればいいという考えでやってきました。それはお母さんが怠《なま》けているのではなくて、子どもの気持ちを一番に考えているんだということではないかな、と私は思います。自己弁護のようですけど……。

Tの場合、気がつけばこんなことができるんだ、あんなことができるんだということばかりです。詰めこんだ教育ではなく、自然に身についた〝手抜きの教育〟だと思っています。例えば、私の知らない間に「一～五〇」くらいまでの数字の数唱ができてたんです。主人が毎日のお風呂の中で遊んでいたようです。五十音も同じです。

発語できる言葉の数も、そろそろ三〇〇くらいになるかと思います。ちなみにTは舌小帯短縮症《ぜっしょうたいたんしゅくしょう》で、話すのが困難になると言われていました。手術を受ける予定です。それなのにこのおしゃべりはどうしたことだろうと驚かずにはいられません。気がつけば、これだけのものを自然に吸収していたのです。

押しつけた覚えもなく、遊びながらのお勉強が上手に身についたんだと思います。〝手抜きの教育〟、いえ〝セカンドベスト主義〟の賜《たまもの》だと、つくづく感じています(〝手抜きの教育〟＝〝セカンドベスト主義〟という考えは、間違っているのかしら?)。

これからもご指導よろしくお願いします。

(一歳八か月のお子さん／兵庫県　T.Y.さん)

・第二章・

小学校入学前にしておくこと

子どもの知能発達の五つのステップを確認

生まれた赤ちゃんには知的に発達していく順序があります。それを知って働きかけをするのと、知らないでするのとでは、子どもの発達に大きな違いが出てきます。乳幼児の知的発達の順序を知って、適切な働きかけをしましょう。

乳幼児が言葉を獲得し、理解力を成していく五つのステップは次の通りです。

①弁別《べんべつ》

生まれた赤ちゃんに何より必要なのは、お母さんの温かい愛撫《あいぶ》と、愛の心がこもった言葉かけです。言葉を豊かにかけてあげればあげるほど、赤ちゃんに豊かな心が育ちます。

子どもの心身の発達は、母親の豊かな愛の言葉かけによって育つことを知ることが大切です。

まだ赤ちゃんだから何を話してもわからない、わかるようになってから語りかけよう、働きかけようと思うのが普通ですが、赤ちゃんに話したことが通じると信じて、心豊かに話しかけることが、赤ちゃんが知的に育つのを助ける第一歩なのです。

赤ちゃんが言葉を豊かに獲得するほど、赤ちゃんの感情の発達、知的な発達が進みます。言葉の発達こそ、豊かな感受性の世界への入り口なのです。

例えばヘレン・ケラーのことを考えるとよくわかるでしょう。ヘレン・ケラーは目が見えず、耳が聞こえず、言葉を知らないので、六歳まで話すことができない少女でした。

しかし、サリヴァンという教師がつくことによって、ものにはすべて名前があることを学び、言葉をどんどん学び始めるようになると、それまで怒りっぽく乱暴で、そうなると両親も手がつけられなかった少女に知性の光が輝き始め、人間らしい感情や優しさが育ち始めたのです。

人間が人間らしく育つのは言葉のおかげであることが、ヘレン・ケラーの例からもわかります。子どもの知的発達の第一歩は弁別の能力の発達であると言われるのは、そういう理由からです。

弁別の能力というのは、〈ものの名前とその用途〉を知る能力のことです。例えば、鉛筆、コップなどの呼称がわかり、鉛筆は書くためのもの、コップは水などを飲むためのものと知ることです。

個別のものの名前、例えばボールペン、本、お茶、机、椅子《いす》、そういう一つひとつのものを理解して、「これとこれのうち、お茶はどちらでしょう」というような問いかけに対して、「こっち」ということがわかると、弁別の能力が育ったことになります。

弁別の能力を育てるのは、〇歳の時から始めてあげてください。「私がママよ」「私がパパだよ」から始めて、赤ちゃんの身の回りのものを指さして、「これは〇〇よ」と教えることが第一歩です。

また、絵カードを一枚一秒、あるいはそれ以上の速さでパッパッと見せながら、その絵に描かれているものの名前を言って聞かせたり、絵本を見せながら一つひとつの絵を指さし、そのものの名前を言って聞かせたりしても、弁別の能力を育《はぐく》むことができます。

赤ちゃんの身体の部分を指さして、「これはあなたの手よ、足よ、鼻よ、口よ」と毎日くり返し言って聞かせるのも、弁別の能力を育てるよい働きかけです。

ところで、弁別の能力は、正常な発達を示している場合は問題なく発達していくものですが、何らかの原因で脳に障害がある場合には、うまく育っていきません。

例えば、「これはテーブルよ」とテーブルのある辺りを見て言うと、その辺り一帯がテーブルだと認識してしまいます。一緒くたになって、一つひとつがわからないのです。

また、写真で覚えさせようとして、犬の写真を見せた時に、首輪につないでいるひもを持っている人や犬小屋など、犬だけでなく背景にいろいろなものが写っていると、それらを含めて犬というふうに受け止めてしまいます。どこまでが犬なのかを理解することができないのです。

だからこそ、障害がある場合には、りんごだけを描いた絵やペンだけが描かれた**フラッシュカード**を使って教えます。そのようにすることで、「これはペン」「これはりんご」というように、一つひとつのものがわかるようになるのです。そのためには、無地で、対象とする事物一つだけを描いたカード、そういう**フラッシュカード**を用いる必要があります。

そして、一つひとつのものがきちんとわかるようにして、絵の名前を読みながら高速でパッパッと見せていくようにすると、たとえ脳に障害があっても、この弁別の能力が育ち、語彙、言葉の獲得が進んでいくようになります。

②対応

赤ちゃんの弁別の能力の発達の次には、対応の能力が発達します。

対応の能力とは、〈これとこれが同じ〉ということがわかる能力です。あるいは、〈これとこれは同じ仲間である〉ということがわかる能力です。

一歳を過ぎ、言葉が出るようになった赤ちゃんは、絵本を読んであげている時にりんごの絵が出てくると、台所のりんごを持って来て、これが絵のりんごと同じだと理解を示すことがあります。「同じ」という言葉を知っていると、しきりにりんごを見せながら、「おんなじ、おんなじ」と言います。もしくは、「おんなじ」と言わなくても「うんうん」と言って同じということを言おうとしたりします。これが対応の能力です。

また、例えば、ひらがなの「の」なら「の」という字をどこかで見つけると、親をひらがな表の貼ってある場所まで連れて行って、ひらがな表の「の」と「おんなじ」「いっしょ」と言ったりします。これは文字の対応ですが、とにかく〈同じものがわかる〉ということが対応の能力なのです。

対応の能力は少し進めば、めんどりとひよこ、かえるとおたまじゃくしなどが親子であるとわかる能力、チューリップの花と茎《くき》や葉、菊の花と茎や葉を対応させられる能力、あるいはりんごとみかんは果物同士、にんじんと大根は野菜同士という仲間がわかる能力に広がっていきます。

③分類

対応の能力の発達の次には分類の能力が発達します。

分類には〈色の分類〉〈形の分類〉〈男の子と女の子に分ける〉〈果物と野菜に分ける〉〈動物と鳥に分ける〉など、いろいろな分類があります。

例えば色の分類で見てみましょう。赤い色紙と緑色の色紙が五枚ずつあり、それらを赤は赤同士、緑は緑同士の仲間に分けるのが分類です。

この時、「おんなじ」「おんなじでない」というのがわかることが分類の基本です。「赤と緑はおんなじでない＝違う」という概念が育っていないと、分類ができません。

そこで、分類の能力の基本は、

おんなじでない＝違う

ということがわかるようにすることが第一歩です。「同じ」と「違う」とでは、「違う」のほうが発達順序からいえば後になり、能力的には難しいのです。

赤い色紙五枚の中に緑の色紙を一枚入れて、子どもに「違う色はどれ?」と聞いてみましょう。それが正しく答えられれば、分類が正しくできることになります。

また「同じ仲間でないのはどれ?」「仲間はずれはどれ?」と発問する方法もあります。それらに答えられるようにすることも大切です。

「仲間はずれ」という言葉には差別を感じると指摘されるお母さんがいらっしゃいますが、入学時の試験で問われる発問の中で使われた場合、その言葉を知らないと、子どもが正しく答えられないことになります。これは問題上のことと受け止めて、一応、そういう発問にも答えられるようにしておきましょう。

④組み合わせ

組み合わせの能力とは、〈二つの異なる因子《いんし》の組み合わせが理解できる〉ということです。

すなわち、赤・青・黄、りんご・バナナ・みかんといったものをそれぞれ理解できるというのが弁別の段階でしたが、赤いりんご、黄色いバナナのような形容詞をつけて、二つの言葉が理解できるというのが、組み合わせの能力です。

⑤総合

〈三つ以上の因子を総合的に判断して認識できること〉を、総合の能力が発達しているとみなします。

例えば、大きい赤い丸と小さい赤い丸はそれぞれ三つの因子から成り立っています。それらがわかることは、三つの因子の組み合わせ、つまり総合の認識力があるということになります。

総合の能力の発達をうながす教材として、「スリーヒントゲーム」というかるたがあります。対象年齢は二歳からです。

この「スリーヒントゲーム」には、例えばいろいろな格好をした象が描かれたかるたが何枚かあり、読み札には、第一ヒント「象です」、第二ヒント「青い服を着ています」、第三ヒント「積み木で遊んでいます」などといった三つのヒントが書かれています。これらのヒントを聞いてかるたを取るのです。かるたは二つ目の因子（ヒント）ではまだどれかわからず、三つ目の因子を聞いて正しくわかるようになっています。

これは、実際の遊び方の中では、「象さんはどれ？」と聞かれてそれがわかれば、子どもは弁別の段階に達していることになりますし、「これとこれは同じ象さんだ」というのがわかれば対応の段階ですし、違う仲間で猿の描かれたかるたがあれば、「象と猿を分けようね」と分類させることもできます。

そして、「青い服を着ている象さんを見つけてみよう」という問いかけに対して、正しいかるたを見つけられるようになると、子どもは組み合わせの段階に進んだことになります。

そして五番目の総合では、「積み木をしている」という、もう一つ違う因子をつけて考えるということです。これができれば、後は四つ、五つと因子が増えていっても、理解できるようになっていきます。

このように、知的能力の発達は段階的に進んでいくものであり、一足飛びに弁別から分類へとか、対応から組み合わせへというようにはいきません。その点をよく理解した上で、このような子どもの知的発達の順序に従って、子どもへの働きかけを考えてください。

小学校入学前に身につけておきたい一〇の基礎概念

幼児が学校に上がる前に身につけておくべき、一〇の基礎概念があります。それは、次の通りです。

①色（赤・青・黄の三原色が基本）
②形（○△□の三つの形が基本）
③大小（大きい・小さい）
④数（一つ・二つ・三つ……、一・二・三……）
⑤量（多い・少ない・半分・もっと多くなど）
⑥空間認識（上下・前後・左右）
⑦比較・反対語（長い・短い・高い・低いなど）
⑧順序（一番目・二番目・三番目……）
⑨時間（昨日・今日・明日・何時・五分前など）
⑩お金（一円・五円・一〇円・五〇円・一〇〇円……）

この一〇の基礎概念は、幼児の知恵の基盤となるものです。二歳、三歳のうちにこれらの基礎概念が身につくように、子どもとのちょっとした時間、触れ合いの時間を利用して、日常生活の中で絶えず話題に取り入れるようにしましょう。

これらは、幼児期に身につけさせるべきパターン認識と言われるものです。これらの基礎概念を、子どもたちは家族との日常会話の中で自然に身につけていくものです。しかし、日常会話の中で話題として取り上げられることが少ないとどうなるのでしょう。習わないことは身につきません。習わないことが子どもの苦手意識につながっていくのです。

これらを全部押さえておくと、小学校に上がってからは、まず困ることはありません。

この一〇の基礎概念について、具体的にどのようなことをどんな順序で身につけさせていけばよいのか、三つの段階に分けて整理したものが次ページの表です。それぞれの概念を教えていく上で、参考にしてください。

次に、これらの概念を教えていく上で特に注意すべき点や、子どもに楽しませながら身につけさせていくコツを紹介していきましょう。

	ステップ1	ステップ2	ステップ3
色	赤・青・黄 色の違い （同じ・違う）	だいだい・茶・緑・白・水色・紫・黒・黄緑・桃色	山吹色・黄土色・朱色・紅色・赤茶・深緑・群青色・赤紫・ねずみ色・銀・金など
形	○・△・□ 形の違い （同じ・違う）	長四角・楕円形《だえんけい》・星形・十字形	台形・ 平行四辺形・ ひし形・多角形
大小	大きい・小さい	どっちが大きい どっちが小さい	中くらい ○番目に大きいもの ○番目に小さいもの
数	1・2・3	4～10	11～100 数の合成 足し算・引き算
量	多い・少ない	もっと・もう少し・半分・どっちが多い・どっちが少ない	ℓ・g・cm・mなど
空間認識	上・中・下 真ん中	内・外 前・後	遠・近 左・右
比較・反対語	高・低 長・短	厚・薄 重・軽 深・浅	明・暗 速（早）・遅
順序	1番目・2番目	（1列で…） 最初・最後・○番目	（2列以上で…） 右から○番目 上から○番目
時間	○時 ○時半 朝・昼・夜	○時5分・○時10分 ○時○分 昨日・今日・明日	先週・今週・来週 先月・今月・来月 去年・今年・来年
お金	1円・10円・100円	5円・50円・500円・1000円	5000円・1万円 お金の計算ができる

三原色を教えたからといって、いきなり難しい質問はしない

色はまず、〔赤〕〔青〕〔黄〕の三原色を理解させましょう。

まずベースの考え方として、子どもは先に説明したように、弁別、対応、分類という順序で知的発達をしていくということを踏まえておかなければなりません（組み合わせ、総合は二つ以上の因子が関わってくるので、ここでははずします）。

すなわち、〔赤〕〔青〕〔黄〕を教えたからといって、いきなり「赤いりんごはどれ？」と聞いても、子どもには無理な要求だということです。まだそこまで発達が進んでいないのに、いきなり難しい質問をして子どもに自信を失わせたり、なんだか楽しくないという気分にさせないようにしましょう。このことは、ほかの基礎概念を身につけさせていく上でも、気をつけてほしいことです。

一〇の基礎概念は、子どもの発達段階が組み合わせ、総合に至っていないとしても、教えるのを止めてしまう必要はありませんが、子どもにアウトプットを求めようとする時には気をつけてください。ただしインプットをして、言葉、語彙の獲得を進めていく、理解を進めていくということについては、小さい時から進めてもか

まいません。

日常生活の中にいろいろな形があることに気づかせる

子どもに日常生活の中にいろいろな形があることに気づかせましょう。すると子どもが形に興味を示すようになるでしょう。丸いお月様やお日様、四角い窓や四角い本、三角の形をした木や三角のお山など。一歳過ぎ頃から教え始めましょう。

円、三角、四角がわかるようになったら、楕円《だえん》、長四角、星形、十字形、ひし形、台形など、いろいろな形があることに気づかせるようにします。

また、鉛筆を使って、円、三角、四角が描けるようになると、文字が書けるようになったり、絵が描けるようになります。形が基本なのです。

子どもにわかりやすい「大小」の区別に気づかせる

大きい、小さいという区別は、子どもにとってはわかりやすい概念です。「お父さんは大きい」「子どもは小さい」「象さんは大きい」「ありさんは小さい」など、大小を教える教材は生活の中にいくつもあります。

子どもは二歳半頃から大小の区別がわかるようになります。円の大小がわかるようになり、おやつの大小に気づくようになります。

身の回りの「数」を、常に意識させる

数については、日常生活の中で、ちょっとした子どもとの触れあいの時間を利用して、無理なく自然に身につけさせることができます。

例えば、子どもがお皿を持てる程度の年齢になったら、朝ご飯の時などに、「〇〇ちゃん、お皿を三つ用意してくれる？」とか「スプーンを三つ出してくれる？お父さんとお母さんとあなたの分、三つね」というようにして、子どもに数に気づかせて、親しませるようにしましょう。

三という数を教える時に、三人家族であれば、それを意識して意図《いと》的に数を話題の中に上らせるのです。

また、「この部屋にコップがいくつあるかな？」と聞いて、「一、二、三……」と

数えさせたり、お手伝いを頼む時に、お箸《はし》は二本で一組ですから、「それぞれの席のところにお箸を二本ずつ置いてね」と頼むようにしたりして、数に注意を向けさせるようにします。

デザートでいちごが出てきた時には「いちごは全部でいくつ？」と聞いて「わー、いちごが五つもある」と気づかせたり、パンを買ってきた時には「袋の中にパンが六個入っているね」と話題にしたり、食べ物でも何でも「これは数を教えるヒントになる」と思われる題材が身の回りにあったら、すかさず利用するのです。

絵本を読んであげている時も、お話の中に例えばバッタが出てきたら、「バッタの足は何本あるかな？　一緒に数えてみようか」というようにして、数を話題にするようにしましょう。

また、部屋の中にアラビア数字の文字盤の時計を置いて、「あ、7時になったわね」というような形で、意図的に数字に気づかせるようにすると、時計を見せながら1から12までの数字を教えることができます。

このようにして、数を題材にしたちょっとした話を機会あるごとにしてあげることは、数のセンスをどんどん高めていきますし、親子のコミュニケーションも進みますから、とてもよいことなのです。

量の感覚を体験させておくと、算数に強い子に育つ

量は、〈多い・少ない・半分・もう少し・もっと〉などがわかることです。コップにジュースなどを注いで、「どっちのコップに多く入っているか？」や「半分にして」「もう少し入れて」など、日常生活の中で自然に覚えさせることができます。

幼稚園の年長組くらいになったら、買い物に連れて行った際に、「二〇〇グラムの肉」といえばどのくらいの量の肉か、「一リットルの水」といえばどのくらいの量の水かなどを教えましょう。こういった体験をさせておくと、小学校に入学してから、算数に強い子どもに育ちます。

大人と変わらない語彙で語りかけ、空間認識を教える

空間認識というのは、〈上中下、左右、前後、内外、遠近〉の五つを指します。これも、やはり会話の中で取り上げて、自然に身につけさせていくようにします。

「上下」は、例えば「消しゴムがその椅子の下にあるから拾いなさい」というような会話をして、やりとりをしているうちに「下」という概念を身につけさせることができます。

また、空き箱の中にチョコレートをいくつか入れて、「チョコレートはあといくつこの箱の中に入っているかな？」などというようなことを子どもに尋ねることで、「中」という言葉も覚えます。これも、やはり教えようと意識して、くり返し取り上げるようにしないといけません。

右と左がわかりにくい場合は、「ご飯を食べる時にお箸を持つ手が右（左）」あるいは、「握手する手が右」などと、具体的に教えましょう。

会話の中に意識して空間認識を示す言葉を入れてあげるようにすると、子どもはかなりバラエティに富んだ語彙を獲得していきます。子どもだからと思って、簡単な語彙だけですまそうとするのではなくて、あえて大人となんら変わりないような語りかけをしてあげると、子どもは案外それに応えて返答するものです。

空間認識については、七田式カリキュラムでもプリントで「どちらが右か左か」とか、「遠いのはどれか」「近いのはどれか」などの問題を作っています。

しかし、プリントというのは本来、子どもが理解できたかどうかを親が確認するためのもので、子どもにとっては簡単にできるという状況でさせるべきものであり、プリントそのものによって教えるというものではありません。「わぁ、全部できたね」とほめる材料としてプリントは使っていくべきなのです。

そして現在の学力を確かめながら、これまでに身についたものをさらに確かなものにしていくために使うものですので、本来は日常生活の中で身につけるべきものと考えてください。

比較を教えるには、反対語をたくさん覚えさせる

〈～より大きい・～より小さい・～より多い・～より少ない〉というのが比較です。二本の鉛筆を出して、どちらが長いか、短いかを、「こちらの鉛筆がこれより長い」のように教えましょう。

比較を教えるには、反対語をできるだけたくさん教えてあげるのがよいでしょう。暑い↕寒い、早い↕遅い、近い↕遠いなど、反対語はすべて比較する時の言葉です。「反対語カード」などを使って教えると、子どもが楽《らく》に覚えます。

順番と同時に、「長幼の序」も学ばせる

「前から○番目」「後ろから△番目」といった順番、順序を教えるのはなかなか難しいものです。

日常生活で順番を教えるには、きょうだいが三人きょうだい、五人きょうだいと多くいるのでしたら、まずそれで順番が生じます。

また、上下関係、いわゆる「長幼《ちょうよう》の序《じょ》」を学ばせるために、例えばお菓子を分ける時に「お父さんが一番、お母さんが二番、あなたは三番、妹が四番」というように、「年の順だよ」というやり方で説明していきましょう。

クッキーを家族に分けるという際にも、子どもに順番というものを教えていなければ、全部自分が欲しがるわけです。順番を教えることで、年上の人を大事にするという精神を学ばせていくことも大切です。

また、遊びながら学ばせるには、**「つまみ付きパズル」**（九二ページの写真参照）が役に立ちます。我が家にあるものは、それぞれのパズルに取っ手がついていて、同じ絵柄で、大きさが五段階になっています。こういうふうになっているパズルを

「つまみ付きパズル」

使うと、「二番目に大きいのはどれ?」「三番目に大きいのはどれ?」というようにして遊ばせながら、順序の概念を身につけさせることができます。

自然の流れを話して聞かせて「時間」を理解させる

時間を表す言葉には、〈今日、昨日、明日、今、さっき、一時、三時、午前、午後、朝、昼、夜、一週間、今週、来週、先週、今月、来月、今年、去年、来年、月日、曜日〉などがあります。時の経過、現在・過去・未来のものをすべて指します。

カレンダーはたいてい、どこのご家庭でもかけてあるでしょうから、そういったもので数字や曜日を教えながら、「それは昨日、ここでこうだったでしょう」とか、「じゃあ、それは今度の日曜日ね」というように、日常会話の中で時間の概念を身につけさせていくというのが基本的な、本来のやり方です。

教材でも、フラッシュカードの中に「火曜日」などの曜日のカードがありますが、本来は日常の親子の対話の中で育まれていくべきものです。

子どもが小さいうちは、一日の切れ目があまりはっきりしないようで、過去のことはすべて昨日と言うようなことがあります。二か月前に動物園に一緒に行った時のことを、「昨日パパと動物園行ったよね」と言うようなことがあるのです。

また、昼寝をして夜も寝るなど、一日のうちで何回も寝たり起きたりするので、今からは朝とか、今からは今日などといったことがよく理解できないこともあります。ずっと家の中で明るいところにいると、昼か夜かもわからないこともあるので、それは親がきちんと教えてあげなくてはいけません。

できれば、毎日の生活のリズムの中で、「朝はお日様が出てきて明るくなってきて、お昼にお日様が高いところに行って、また沈んでしまったら真っ暗になって、そうすると夜になると今度はお月様が出てね……」というようなお話にして、自然の流れというものを話して聞かせてあげるとよいでしょう。子どもも初めは「ふーん」と聞いているだけですが、それをくり返し話題にしているうちに理解するものです。

「時」の概念を身につけさせることは、しつけの上でも重要

「時」の概念を身につけさせることは、しつけにも関連しています。

例えば今二時二十分で、お菓子が食べたくてしようがない、小腹が空いてきたというような時に、「三時になったら食べようね」と言って時計を見せます。

ただ、「三時って短い針が3のところに来た時よ」と教える前に、「3」の形が数の三のことだと理解していなければなりませんから、やはり三歳くらいからということになるでしょう。

しかし、短い針はたびたび見てもほとんど動かないものです。そこで、一時間以内であれば「長い針が早く動くから、あの針が12のところに行ったらね」と言ってあげると、子どもは納得するのです。そうすると、チラチラ見て「待つ」ということを覚えるわけです。こういった小さな我慢は、大きな我慢へのステップになります。

このように、しつけもそういったゲーム感覚で楽しみながらやっていくと、怒鳴

り声を上げたり、ストレスをかかえてキリキリして子どもと過ごすということをしなくてすむようになります。

時間の感覚というのは、親が子に身につけさせなければいけない大切なものです。

小学校に上がると、七時三十分までに集合場所に行かなくてはいけない、などというような約束事が出てきます。しかし、まず七時三十分がわからないと時間を守ることができません。さらに、七時三十分に行こうと思ったら、二十分に家を出ないと間に合わないのか、それとも二十五分で間に合うのか、それによって家を何時に出発するべきなのかもわからないといけないわけです。ですから、やはり就学前に時計は読めるようにしておいたほうがよいでしょう。

また、学校に入って、「夏は六時まで、冬は五時までに家に帰りましょう」というルールができても、やはり時計がどういうものかしっかりわかっていないと、ルールを守ることができません。ルールが守れないと、「どうして早く帰ってこないの」と叱られるという、難しい子育てのスタートになってしまうわけです。

時間の感覚は、親が子にきちんと教えてあげなければ身につかないものです。誰も教えないのに自然と覚えてしまうということはあり得ないのです。

親が教えていなくて、周りの人も教えていないことは子どもはできるようにはなりません。

「うちの子は何もしないのに、時間のことがわかるようになりました」とおっしゃる方もいらっしゃいますが、お母さんがたとえ何も教えていなかったとしても、ご家族の中で例えばおばあちゃんがしっかり教えてくれていたとか、お父さんがきちんとやってくれていたとか、習い事の先生がいろいろ親身になって見てくれていたとか、周りでそういうことを代わりにしてくれていたから子どもが覚えたのであって、お母さんがそのことを知らないでいるだけなのです。教えていないことは絶対に身につかないのです。

もちろん、知らず知らずのうちに教えているということはあります。親の姿を見ていたり、きょうだいがいれば、上のきょうだいを見ていていつの間にか学ぶということもあるでしょう。

しかし、これは、知育以前に本当に大事なことですので、しっかり身につけさせるようにしましょう。

保育園児、幼稚園児から小学生になったからといって、時間のことがいきなり理解できるようにはなりません。一年前にできていないことは、一年経ったからといって急にできるようにはならないのです。

生活のリズムを正しくする

時間の感覚が優れた子どもに育てるには、生活のリズムを正しくすることが大切です。そのためには、食事の時間や、散歩の時間、絵本読みの時間、就寝の時間などを決めて習慣化することです。すると、子どもがその時間をワクワクしながら待つようになります。

プリントをする時間なども決めておくと、その時間になるとさっさと自分で用意して学ぼうとします。学習する習慣が身について、強制しなくても自分からやりたがる様子を見せます。

逆に、生活が不規則でルールがない生活をしていると、子どもに時間の感覚が育たず、時間の理解が難しい子どもに育ってしまいます。

時間の感覚を無理なく教える方法

ところで、子どもに時間の感覚を無理なくわからせるためには、どうしたらよいでしょうか。

これは我が家の話です。時々家族で車に乗って隣町に夕食を食べに行くことがあるのですが、店にたどり着くまでに道が混んでいなければ二十分、混んでいると三十分くらいかかってしまうのです。

こういう時、車に乗せられている子どもの側からすると、どれくらい乗っていたら着くのかわからないと、なんだかいやな気持ちになるようなのです。これは、大人でもそのような気持ちになるので理解できます。例えばどこかに連れて行かれる時、「二十分くらいで着きますから」と言われれば「あ、そうか」と思うものですが、「一時間くらいかかるけど」と言われたら「あ、じゃあお手洗いに行っておいてもいいですか?」というようなこともありますね。

そこで、子どもに「いったいあとどれくらいで着くの?」と聞かれた時、「そうだな、三十分くらいかな」と答えたところ、「三十分ってどのくらい?」と改めて質問されてしまいました。「三十分」という言葉は普段、会話の中で使っていましたが、子どもはその感覚をつかみかねているようです。

私は「うーんとね、そうそう、『ウルトラマン』のビデオを一回見るくらいだよ」と言いました。その当時、子どもがよく『ウルトラマン』のビデオを見ていて、その番組一本がだいたい三十分弱だったからです。すると、「うん、わかった」と言って子どもは納得していました。

こういうテレビ番組、ビデオの話がいいのかどうかはわからないですが、これも子どもと親の間で共通な時間の尺度の一つと言えるでしょう。

また、短い時間の単位、一分がどれくらいの長さかを理解させるには、子どもが少し大きくなり、年中・年長組になったら、「一分ゲーム」で楽しみながら身につけさせるのもいいでしょう。

「一分ゲーム」とは、ストップウォッチでも秒針のある普通の時計でもかまわないのですが、「用意、スタート」と言って目をつぶらせて、「一分だと思ったら手を上げて」という遊びです。まだ一分が難しければ十秒でもいいのです。十秒というのは自分が一、二、三、四、五と数える十秒とは違うのだなということも、そこで体験することができます。

小学校低学年のうちは、目的地までの所要時間について、「あと二〇〇数え終わるまで」などと親が言うと、「二〇〇は一〇〇が二回だね」と言って「一、二……」と数えたりします。「一〇〇になったのに着かない」とか、「五〇になったのに着かない」などと、また文句を言ったりしているうちに着くわけですが、「うるさい、すぐ着くから静かにしなさい」と言うよりはよほどいいでしょう。

金銭感覚を身につけさせるために、お小遣い帳をつけさせる

子どもにとってお金のルールというのは、結構複雑で難解です。五円が二枚で一〇円、一円が一〇枚で一〇円、それと一〇円玉までが全部同じ価値だというのがわかるのには、ずいぶん時間がかかります。

最近、小さい頃からお金のことを教え、金銭感覚を身につけさせようといった内容の本も出始めていますが、やはりこれはとても大事なことです。

我が家では、お金の感覚を子どもに身につけさせるために、子どもが小学一年生になった時にお小遣《こづか》いを一か月につき五〇〇円ずつ与えることからスタートし、同時にお小遣い帳をつけさせ始めました。

お小遣いは自由に使っていいけれど、何にいくら使ったのかお小遣い帳に書かなければダメですよというルールを決めたのです。別にお菓子を買ったから、ジュースを買ったからといって怒りはしないけれども、買ったものはちゃんとお小遣い帳につけさせるようにしました。

「さあ、書いてごらん」と言ってはみたものの、親が一緒に見てあげて、数の読み方や記入の仕方を教えてあげながらでないとお小遣い帳に書きこむことができません。しかし、それも親子のコミュニケーションになるわけで、お小遣い帳をつけさせることが、数の概念を教えるよい機会にもなるのです。

どんなものを買ったらお小遣いがなくなるかを理解させる

子どもに金銭感覚やお金に対する正しい価値観を身につけさせるためにも、一〇〇円のものも一万円のものも同じような感覚で、「いいよ、いいよ」と買い与えるのは問題です。

小学生になったら、基本的には、欲しいものは自分のお金を貯めさせて、計画的に買わせるようにしましょう。

このくらいのものを買ったら、一〇〇〇円というのはあっという間になくなっていくな、というような経験を、小学生の間に積ませるべきなのです。

買い物に連れて行って、金銭感覚を教えていく

おもちゃのお金は、金銭感覚を身につけさせる上でとても役立つものです。お買い物ごっこも大事な取り組みです。

普段の買い物に行く時も、子どもを一緒に連れて行くようにしましょう。

親の買い物に子どもを連れて行くと、子どもがお菓子コーナーに座りこんで「買って！」とだだをこねたり寝そべったりしますから、親としてはちょっといやだなと思うかもしれません。そういう時は、一〇〇％却下《きゃっか》ではなく、「一つだけよ」という形で、少しだけは望みを叶《かな》えてあげるようにして、ほかのものについては、「これは今度の時にしようね」と言うようにすれば、子どもも少しは受け入れられたと納得するものです。

子どもが二人、三人いるのであれば、一つを二人で分けるとか、三人で分けるということにして、量を多くしないようにします。また、買ってもすぐ食べずに、

「家に帰ってご飯がすんだ後に食べようね。お約束できる？」と聞いてみて、子どもが「約束できる」と言ったら買うというふうに、少しずつ小さい我慢を取り入れて買い物をするとよいのです。

どこまでよく見ているかはわかりませんが、子どももそういう年齢になれば、「りんごは二〇〇円なんだ」とか、「豆腐《とうふ》は一〇〇円なんだ」といったように、何がいくらくらいという金銭感覚が徐々に身についていくものです。

一方、お買い物ごっこでは子どもが主人公になりますから、親のほうから「りんごは何円かな？」「いくらかな？」などと聞いてあげて、「二、〇、〇（二・ゼロ・ゼロ）って書いて二〇〇は『ニヒャク』って読むのよ」などと、教えてあげるとよいでしょう。

実際に子どもにお金を使わせる

私は、子どもを買い物に連れて行くことが好きで、書店やおもちゃ屋などにもよく一緒に行くのですが、近頃はいろいろとゲームコーナーのようなスペースができていますし、入り口やエスカレーターの横などに、いわゆる〝ガチャガチャ〟が設置されていることがよくあります。

ガチャガチャというのは子どもが好きなものですが、もし子どもがやりたがったら、「じゃあ、帰る時にここに来てそれをやって帰るようにしようね。その代わり、ほかのものは見るだけよ。ほかのものはクリスマスの時とかあなたの誕生日に、また買ってあげるからね」というような話をして、小さな我慢をさせつつも、ガチャガチャ一回くらい、一〇〇～二〇〇円ですむ程度は、許容《きよう》してあげるようにしていました。

ガチャガチャくらいの小さな要求は、容認して、満たしてあげてもいいと思います。

これは会員の方のお便りにあった話ですが、ガチャガチャで取ったアニメのキャラクターのキーホルダーを五つ、お出かけの時に子どものリュックや鞄《かばん》につけていくのだそうです。すると、移動中にも、そのキーホルダーで遊んでおとなしくしているそうです。

「どうせ捨てるだけなのに」と思うと、なかなかお金も出しにくいものですが、ガチャガチャもそういう目的のもとに、子どもの好きなシリーズを揃えていって、このように遊びに使うと、有効に利用できるものです。

ガチャガチャをする時にはお金を子どもに入れさせて、一〇〇円玉が一枚いると実感させたり、自動販売機で缶ジュース一本を買う時、これが一〇〇円、これが一〇〇円と、実際にお金を入れる体験をさせたり、電車の切符を買う時に、切符は小学生未満は不要ですが、自動券売機にお金を入れさせ切符を買わせるなど、実際の生活体験の中で、お金に触れさせてあげることも大切です。

幼児の場合は親がサポートしてあげ、もっと小さい三歳くらいの子の場合は抱っこして親が見てあげます。多くの人が並んでいて混雑している時は、ほかの人に迷惑がかかるので避けたほうがいいですが、余裕があって、ほかの人に迷惑にならないならば、子どもにお金を入れさせてあげるといいでしょう。

このように、実際にお金に触れる機会を作りながら、紙のお金のことは紙幣《しへい》やお札と言うことや、そのお札には一〇〇〇円、二〇〇〇円、五〇〇〇円、一万円の種類があること、一万円札がいちばん大きい単位であることなどを教えてあげてください。

・第三章・

読書力・計算力・英語力を伸ばす左脳レッスン

読む力をつける前の、文字の教え方

子どもが三歳になったら、自分で本を読む力を育ててあげましょう。自分で本を読めるようにしていくためには、文字を教えることです。

自分で本をどんどん読む子と読まない子の差は歴然《れきぜん》としています。読むことは知力を大きく高めるのです。

文字を知ると、ただ音としての言葉を知っているより、はるかに知的な思考力が身につきます。文字は抽象的《ちゆうしようてき》な思考や高度な思考を可能にしてくれるのです。

能力の発達の法則にしたがって

文字を読む力は、どのようにしたら最もよく育てることができるのでしょうか。

それは、子どもにできるようなやさしいことを何十回、何百回とくり返すことと、一日も休まず、毎日継続して教えることです。

子どもには、次のような能力の発達の法則があります。

①くり返しのあるところに能力が育つ。
②くり返しが多いほど高い能力が育つ。
③一足飛《いっそく》びに高いところへ連れて行こうとすると能力は育たない。
④能力を高める訓練は、組織的かつ漸進《ぜんしん》的でなければならない。
⑤毎日継続して訓練が行われなければならない。

①の「くり返しのあるところに能力が育つ」というのは、子どもが一つのことをできるようになったからといって、それが十分活用できる能力に立派に育ち上がったと思ってはいけない、ということです。

それはまだ、脳の神経細胞の中に、一筋のごく細い配線ができたというだけで、そのように細い配線では働きが非常に悪いのです。

ところがくり返し行いますと、この配線は太さを増し、細胞間の連絡が非常にスムーズにいくようになります。こうして能力が育つのです。

②の「くり返しが多いほど高い能力が育つ」というのは、くり返しは多ければ多いほどよく、やさしいことをくり返し、くり返し与えることで非常に高い能力に育

つということです。一〇回、二〇回の訓練よりは一〇〇回、二〇〇回の訓練がよいのです。

子どもが次の段階のことが十分できない時は、それ以前の段階のことをもっとくり返し訓練するとよいでしょう。

③の「一足飛びに高いところへ連れて行こうとすると能力は育たない」というのは、つぎ足しの訓練はダメだということです。

つぎ足しの訓練とは、昨日Aができたから、今日はBを教える、今日Bができたから、明日はCを教えるという教え方です。これでは決して能力は育ちません。くり返しがないと、脳の配線は、働きのよい配線にならないのです。

④の「能力を高める訓練は、組織的かつ漸進的でなければならない」というのは、途中を省《はぶ》いて先に進めれば、必ずツケが回ってくるということです。

そして⑤の「毎日継続して訓練が行われなければならない」ですが、訓練は、一日休めば二日戻り、二日休めば四日戻り、三日休めばもとのもくあみになるといいます。

ひらがなを覚えたての子どもは、一つの文字を見せて、それを何と読むのかと問うと、答えるまでにかなりの時間を必要とします。思い出す時間が必要なのです。

これを瞬時に言えるようにならないと読む力にならないことは、おわかりいただけるでしょう。

「あいうえお……」をカードに書いて山にして積み、親子で一枚ずつめくって瞬間的に読む競争をしましょう。この遊びをくり返してください。

こうして単音を瞬間的に読み当てることができるように十分訓練した後なら、子どもは次の段階の単語読みも楽にこなせるようになります。

ひらがなは三歳までに読めるようにするとよい

ひらがなは三歳までに教えるのが理想的です。

別に四歳からでも五歳からでもひらがなを覚えることはできますが、人類が文字を獲得した後、そこからの発展が急速だったように、子どもの人生の中で早く文字を獲得させてあげるほうが、そこからの知的な発達が期待できるからです。小学校入学前にバタバタと教えるのではなく、三歳くらいで、あるいは三歳前に教えてあげるとよいでしょう。

ひらがなを教えるには、**「ひらがなカード」**を利用するとよいでしょう。

ひらがなカードを見せて、「これは～という字よ」と言ってくり返し教えます。また、四、五枚のカードの中から「～はどれ？」と言って教えた文字のカードを取らせましょう。

さらに、生活の中に字が使われていることに気づかせ、字が役立つことを教えて、興味を持たせることが大切です。

例えば、子どもの持ち物には子どもの名前を書いてあげます。子どもの持ち物だけでなく、お父さんのスリッパにはお父さんの名前、お母さんのスリッパにはお母さんの名前を書いておけば、文字で区別することができ、文字が生活の中で役立つことを自然に学んでいきます。

お母さんが本好きで、よく読んでいる姿を見せていれば、子どもも自然に読みたがります。

子どもに無理に字を教えこむという形で始めるのではなく、そのような動機づけを考えるのが賢明《けんめい》なお母さんです。

文字に興味を持たせる環境がないと、子どもはいつまでも文字に興味を持たず、そのうちに文字を覚える最適の時期を逃してしまうことになります。

言葉を話す前に文字を読ませよう

文字読みについては、世間一般に広く誤解があるように思います。それは、子どもが言葉を話す前に文字を教えてはいけないというものです。

しかし、子どもにとっては、話すことを覚えるよりも、文字を読むことを覚えるほうが楽なのです。

ハワイ大学のスタインバーグ教授は、赤ちゃんにとってしゃべることよりも、字を読むほうが楽なのではないかと考えました。

赤ちゃんが言葉を話せるようになるためには、話せるようになる時期が来るのを待たなければなりません。ところが文字は、生まれたばかりの赤ちゃんの目にとまりさえすれば覚えられるのではないかと教授は考えました。

親が象《ぞう》の絵を見せて、「これは象さんよ」と教えてあげるように、「これは"John"の"J"だよ」と、子どもの持ち物に書いた文字を教えれば、絵と同じように楽に覚えてしまうのではないかと考えたのです。

そこで教授は、生まれたばかりの自分の子どもに文字読みを教える実験を始めました。

その結果、教授の赤ちゃんはしゃべる以前に文字の読み方を覚えてしまい、一歳の時には四つの単語、二歳で四八、二歳半で一八一の単語読みができました。

そして四歳十一か月の時には、小学校三〜四年生の読解力を身につけ、小学校五年生の時には高校三年生並みの読書力を身につけてしまいました。

また、神戸のM君は脳に障害があり、三歳二か月になっても言葉が出ずにいたのですが、お母さんがM君に、「これは『の』という字よ」と教え、ひらがなカードの教えた字を取らせる方法でひらがなの文字読みを教えてみたところ、一か月で「あいうえお」が全部正しく読み取れるようになりました。

するとどうでしょう。言葉も正しく発語できるようになったのです。

お母さんが「『し』の字はどれ?」と聞いて、子どもが正しく取れるということは、その字を見ると頭の中で「し」という音が再生されるということです。「あいうえお」が全部正しく取れるということは、五十音が全部頭の中で音として再生できることを意味します。

フランスの著名な言語学者、アルフレッド・トマティスは、「話す能力は聞き取る力にほかならない。正しく聞き取れるようになれば、正しく話せるようになる」

と言っています。

　言葉がスラスラ出るようになったM君のお母さんに、「何がM君の話す力を育てたと思いますか?」と尋ねたところ、「『あいうえお』が全部読めるようになったことだと思います」という答えが返ってきました。

　このM君は、五歳の時には本をスラスラ読むように育って、幼稚園でいちばん本読みが上手で言葉の豊かな子に育ちました。

　四歳で「さしすせそ」がうまく言えないI君のお母さんに、ひらがな読みを教えてごらんなさいと指導しました。I君が正しく「さしすせそ」が取れるようになった時、「さしすせそ」が正しく発語できるようになり、同時に文字読みに興味を覚えて、文字をどんどん読むようになりました。それに伴《ともな》って、I君は赤ちゃんぽさが消えて、とてもしっかりしたお兄ちゃんらしさが育ちました。

　また、脳障害の研究で有名なドーマン博士の研究所では、脳に障害のある子どもたちには、できるだけ早い時期から文字読みを教えるように両親たちに指導しています。

　すると、何百人もの子どもたちが、脳に障害があるにもかかわらず、ごく小さい時から文字読みを覚え始め、小学校入学前には自由に本を読み、完璧に理解するように育っています。三歳児の中には、数か国語を読み、かつ完全に理解する子どもさえ何人か現れるといいます。

ドーマン博士は文字が一〇くらい読めるようになると、頭の構造が変わってくる、機能が構造を決定すると、大変重要な事実を指摘しています。

障害を持つ子どもたちの頭部は、文字読みを始める前は、成長の速度が平均よりずっと遅かったのが、文字読みを覚えると、障害のない子どもの二倍、時には三倍というスピードで成長し始めるという事実を博士は報告しています。

読むという機能が育つと、頭の構造が変わると指摘しているのです。

四つのステップで教えるひらがな読み

ここで、ひらがなの数え方の四つのステップをご紹介しましょう。

①単音読み

ひらがな一字一字をわかるようにして、読むことができるようにしましょう。

②単語読み

二文字、三文字の単語をパッパッと読むことができるように練習をしましょう。単語カードをたくさん作成して、フラッシュして読み方を教えましょう。

また、絵カードと単語カードをマッチングさせたり、描かれた絵と文字カードを合わせる「絵文字合わせ」をさせたり、楽しいかるた取りをしたりしましょう。

③短文読み

子どもに親しみのある文章を作成し、カードにして読む練習をしましょう。例えば、子どもの名前が「ゆきお」で犬が好きならば、「ゆきお は、いぬが、すきです」とか、「ゆきおは、いぬをみます」「ゆきおは、いぬといっしょにあそびます」といった文章のカードを作って読ませます。そのような文を書いたカードを増やしていきます。

また、やさしいかるたの読み札を覚えさせて読ませましょう。

④暗記読み

文字数の少ないくり返しのある絵本を、お母さんがくり返し読んで聞かせて暗《あん》唱《しょう》できるようにしていきましょう。暗記読みは文を読む力を育てます。

こうして覚えた話を、皆の前で話させましょう。『ももたろう』など、一つの話を初めから終わりまで話すことができるようになれば、それが一つの話をまとめる力になります。

カタカナ・濁音・長音などもカードで教える

カタカナ、濁音《だくおん》（だ、ば、ざ、など）、半濁音（ぱ、ぴ、など）、長音（おかあさん、など）、促音《そくおん》（きって、など）、拗音《ようおん》（きゃ、きゅ、きょ、など）は、単音や単語カード（じどうしゃ、ぱんつ、きって……）を作成してフラッシュしたり、カード取りをしたりして教えていきましょう。

数字・漢字・アルファベットなども、同様にカードで教えることができます。

駅名や看板が教材になる

例えば、電車に乗っている時、駅の名前はひらがなで書いてありますから、電車の窓からそれを読むことで、ひらがなを教えることができます。

五十音を一気に覚えるわけではなくても、自分の名前や、よく見る名前などから先に覚えていくようにして、覚えているひらがなのほうが多くなっていくと、残りを覚えるのは結構早いものです。

ひらがなを読めるようになってくると、子どもも自分の時間が持てるようになってきます。読んでもらわないとわからない時は、親がいないとどうしようもなかったのが、「ねぇ、ねぇ、あそこに何て書いてあるの？」と聞かなくても、「く・す・り、くすりなんだ。薬屋さんだ、あそこは」というようなことを、三歳の子でも言うようになるのです。

ひらがなの覚え始めには、かるたを活用

ひらがなの覚え始めの時期に、ぜひ活用していただきたいのは、かるたです。昔話を既に知っている子どもなら、昔話のかるたがいいでしょう。『白雪姫』や『三匹のこぶた』や『ももたろう』など、有名な昔話を一通り知っているということが前提です。

「例えば「も」ですと、「桃から生まれたももたろう」という読み札で、取り札にはもちろん「も」と書いてありますが、ももたろうの絵も描かれています。ヒントがあるわけです。これなら小さい子どもでも参加できます。そして楽しみながら遊んでいるうちに、だんだんと取り札に書かれた字のほうもわかるようになっていきます。

かるたはいろいろなものが市販されていて、写真のかるたや、動物のカード、キティちゃんとかアンパンマン、ピカチュウなどのキャラクターもののかるたもあります。

子どもの興味はその時々で変化していきますから、その時点で興味のあるかるたを活用するとよいでしょう。

右脳と左脳を「書く力」がつなぐ

読む力を育てることの次は、書く力を育てることです。書くことに、子どもの能力を高める秘密があります。

人間が本来持っている高い能力を引き出すためには、右脳に働きかけることです。けれども、右脳教育だけではダメで、右脳を左脳につなげる働きかけが大切なのです。というのは、左脳は左右の脳の働きを統合する脳であり、右脳の優れた能力を言語で、論理的に表現する脳だからです。

書くことによって、右脳と左脳をつなげる強固な回路ができ、消えずに残って固まります。書かないと伸びませんし、定着しません。

三歳から右脳の働きが左脳に移っていきますが、留める働きかけを知らないでいると、優れた右脳の働きは、ごく自然に消えていってしまいます。

書くことは小学校に上がってから教えればよいと考えて、書かせることをしないでいると、右脳の能力を左脳につなぐチャンスを失ってしまいます。

子どもが二歳を過ぎた頃になると、自分のほうからお母さんの真似をして、鉛筆を持ちたがるようになります。その時が、書くことを教え始めるチャンスです。

①なぐり描き

初めは4B程度の濃さの鉛筆を持たせて、カレンダーの裏など大きめの紙に、自由に描かせます。持ち方や筆圧を考える前に、思いのままに気持ちを表現させることが大切です。子どもに好きなようにぐしゃぐしゃ描かせてくだされればよいのです。「描いてみたい」という気持ちを持たせることが、最も大事だからです。しっかり描くための筆圧は、描いているうちに自然についてきます。

子どもが何かを描いたら、「何を描いたの？」と聞いてあげましょう。すると子どもが、「○○を描いた」と答えます。

そこで親は、子どもが描いた絵に、子どもが言った通り「○○」とひらがなで書きこんであげましょう。

毎日これを続けると、子どもが次第にはっきりした内容を描くように変わってきます。つまり、それらしい絵になってきます。

鉛筆の持ち方も、徐々に教えていきます。間違った持ち方の癖がつくと、描く速度も遅く、すぐに指が痛くなったりします。正しく持つと、力を入れずに楽にきれいに描けるようになります。

慣れないうちは、親が上から優しく手を添《そ》えて、指の正しい位置を教えてあげましょう。顔を近づけて背中を丸めた姿勢で描くと、近視や背骨が曲がる原因にもなりますので、姿勢にも十分注意しましょう。

部屋の片隅に、いつも自由画帳などの紙の綴《つづ》りと、4B程度の鉛筆を置いておき、気が向いたらいつでもそこへ行って描けるようにしておきましょう。

②線を引く

指示に従って、縦、横、斜《なな》め、丸などの線が書けるようにしましょう。

③迷路

迷路は線を引くよりもかなり難しいものです。初めはごく簡単な迷路から始めて、だんだんと複雑な迷路に進んでいきましょう。

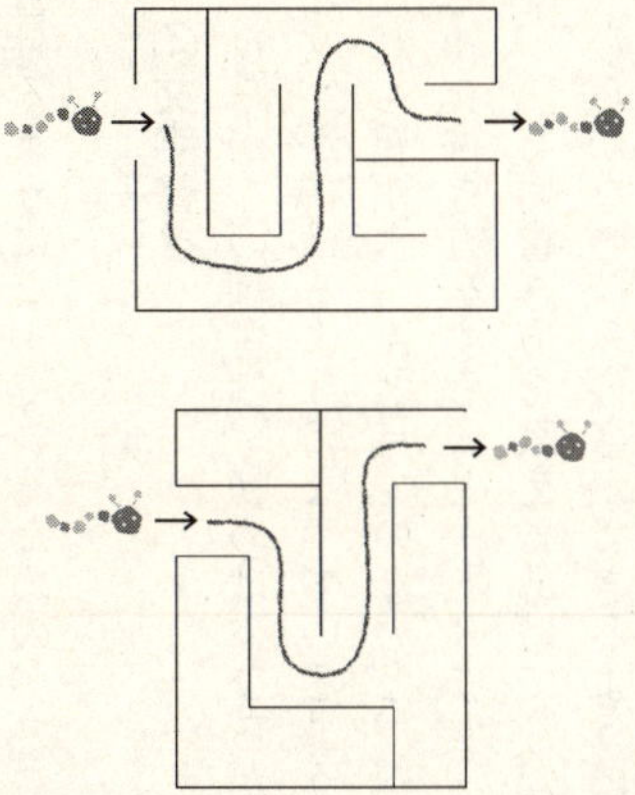

鉛筆が自分の思っている通りに動かないので、子どもはイライラするかもしれません。小さい子どもほど、親がそばについて見てあげる必要があります。

線引きや迷路をやっているうちに、将来的に文字書きの参考になるような線書きが自然に身についていきます。知らず知らずのうちに、カタカナの「フ」やひらがなの「し」や「つ」などのカーブのある文字も書けるようになっていくための、ファーストステップになるのです。

④文字書き

ひらがなの練習は、初めは、ひらがなが点線で書かれていて、その点線をなぞると文字が書けるようになっているような教材を利用するとよいでしょう。しかし、これも親がきちんと見ていないと、線を引く方向や書き順などを無視しためちゃくちゃな書き方をすることがあります。やはり、初めは親が後ろから手を添えてあげて、正しい書き方を教えてあげてください。

ひらがなの読み書きができるようになると、子どもの能力は一段とパワーアップしていき、できることがどんどん増えていきます。

子どもが左利きの場合、どうすべきか

〇～三歳の子どもは右脳が優位に働いています。右脳は左半身を支配する脳なので、〇～三歳の間は左手を使うのがごく自然です（交感神経によって右脳と左手がつながっているため）。

親が気をつけて右手に持ちかえさせていると、三歳過ぎにはたいてい右手に落ち着きます。三歳を過ぎると頭の働きが左脳優位に変わっていくので、自然に右手に変わるということもあります。けれど、統計的に一～二歳児は左手を使うことが多いのです。

また、子どもはよく鏡文字を書きます。鏡文字を書く原因は、優位脳がまだ脳のどちらかに納まっていないからです。文字を覚えていく段階ではよくあるものです。気にすることはありませんので、くり返し正しい文字を教えていき、定着をはかっていきましょう。

絵本の読み聞かせが読書力を伸ばす

「聞く力」をつけることが読解力につながる

幼児に身につけさせなくてはいけない能力は、「読み、書き、計算、聞く力」です。「読み書きそろばん」と昔からいいますが、その「そろばん」は計算ということですから、読む力と書く力と計算力と聞く力を育てることが、非常に大切なわけです。

この中で、「聞く力」というのは、読解力につながっていくものです。

小学校二年生くらいになると、先生に指名されて、「ここからここまで教科書を読みなさい」と言われる場面が出てきます。

一人の子どもが指名されて教科書を読みました。読んだ後、先生がその子に「上手に読めました。では何の話が書いてあって、どう思いましたか?」と尋ねました。すると、その子は「わかりません」と言って答えられませんでした。

その子は上手には読んだのですが、読むことに精一杯で、内容を理解するところまで意識が働かなかったのです。すなわち、読解力が足りなかったのです。

では、どうすれば読解力が身につくのでしょうか。読解力を育てる問題集というのを書店で探してきて、買って子どもにやらせればよいのでしょうか。そうではなく、基本的なことである、本の読み聞かせに力を入れればよいのです。読解力をつけるには、読み聞かせが重要なカギを握るのです。

子どもにとって本を読むことは一つのこと、そして内容を理解することは別のことなのです。文字を読むことがまだスムーズにできず、たどたどしかったりすると、字を読むほうに気が行ってしまって、自分で読みながら理解することが難しいのです。

子どもは、お話を読んで聞かせてもらっている間は、頭の中でイメージを描きやすいものです。本を読んで聞かせてもらっている場合、子どもは内容を理解することだけに頭を働かせることができます。「読む」ことと「理解する」ことを一度に二つ並行してするわけではないので、それは読解力、その話を読んでイメージをするという訓練になるのです。

小さい頃から親に本を読んでもらって、内容を理解することを訓練してきた子どもは、聞く力を育てています。聞いた内容を理解する力を育てているのです。これが読解力の基本です。

また、子どもに伝えたいメッセージは、絵本を使って伝えると素直に伝わるし、また素直に聞いてくれるものです。

文字を覚える前に、絵本を読ませてもよい

絵本を読むことは、文字を覚える上でも大いに役立ちます。

絵本を読み聞かせてあげる際に、子どもに自分の読みたい本を持って来させるようにすると、毎日同じ本を選んで「読んで」と持ってくることがあります。お気に入りの本ですと、一〇回以上くり返して読んでも、まったく飽きないようなのです。そのくらいくり返して読んだ本というのは、文字を読む前から、子どもが暗唱できるものです。フレーズを、親が読むように、読むのです。けれどもこの段階は、読んでいるところが、若干《じゃっかん》ずれているので、厳密にはまだ読めていない状態なのです。

しかし、これは、きちんと文字が読めるようになる前に通るステップなので、非常に大事です。それを飛び越えて一足飛びに文字を拾って読ませようとしても、子どもには難しいことです。

お母さん方は暗記読みでなく、一字ずつ字を押さえて拾い読みをさせようとします。これがいけないのです。これは左脳読みで、この方法で読ませると、子どもが一年経っても左脳読み（拾い読み）から抜け出せないのです。

左脳は一字ずつ学び、やがて全体がつかめるという頭の働きをします。右脳はこれとは逆で、初めに全体をつかみ、やがて一つひとつの細部に至るという順序で学びます。

左脳と右脳のこの働きの違いを理解しなければいけません。

暗記読みの段階を経ると、拾い読みの段階に移ります。拾い読みができるようになると、スムーズには読めないものの次第に理解できるようになり、文字から単語が読み取れるようになっていきます。

絵本の読み聞かせは早くから始めるほどよい

子どもに絵本を読んであげることは、できるだけ小さい時期から始めましょう。

初めはやさしい本をくり返し読んであげましょう。できれば、お母さんのお腹の中にいる時（妊娠五か月くらい）から、読み聞かせるとよいでしょう。これは何かを教えこむという意味ではなく、絵本読みを通して、母と子の心の通い合わせ、心の絆《きずな》を育てることが主たる目的です。

「一日三十分の本の読み聞かせは、金の卵を産《う》む鶏《にわとり》を育てる」という言葉があります。読書好きの子に育てると、金の卵を産む鶏に匹敵《ひってき》する創造的な頭を育てるという意味です。

毎日というのはなかなか難しいかもしれませんが、なるべく親が心がけて子どもにたくさん本を読み、子どもを本好きに育ててあげましょう。

子どもを本好きにする秘訣《ひけつ》は、子どもに本を読ませることよりも、お母さんが毎日子どもの寝かしつけに必ず本を読んであげることです。幼児が覚えられるようにやさしく書かれた絵本を、くり返し読んで聞かせるといったやり方がいいのです。

絵本をたくさん読んであげた子どもは、語彙が豊かになり、理解力が広がり、話す内容も豊富になっていきます。

ところで、子どもが字を読めるようになって、自分で絵本が読めるようになってくると、お母さんは絵本を読んであげるのが面倒になってくるものです。しかも、三、四歳の子どもならともかく、七、八歳になってくると、「もう自分で読めるんだから、自分で読んで。疲れているんだから」と、つい言いたくなります。

しかし、それをしてはいけません。自分で読めるようになったからといって、放り投げてしまうと、読解力は育たないのです。小学校三、四年生になるまでは、読んであげるようにしましょう。

　また、本を読んであげる行為は、子どもに愛情を伝えることにもなるものです。子どもが小学生になると、親子の絆はどんどん細くなっていきます。子どもはだんだんと親よりも友だちのほうに行くようになりますから、まさに寝る前しか親の愛を確認するタイミングはないのです。

　ですから、あまり夜遅くなってしまったら、そういう時間も持てないでしょうが、そこそこの就寝時間に合わせて、お母さんもちょっと家事の手、仕事の手を休めて「じゃあ、一冊だけ読んであげるね」と言って読んであげたり、長い本は「ここまでにしようね」とあらかじめ断っておいて、そこまで読んであげるようにしましょう。

　子どもにとってみれば、自分のために母親が絵本を読んでくれる寝る前が、愛情を強く感じる時間になります。「お母さん、いつも本を読んでくれて、ありがとう」という気持ちが出てきます。

子どもが読みたい本を選ぶのが基本

　読み聞かせをする絵本の選び方ですが、子ども自身に読みたい本を選ばせ持って

絵本読みカリキュラム

2歳以前	はじめての本	赤ちゃん絵本
2歳	ものの本	子どもが身近に知っているもの、例えば動物・乗り物についての本
3歳	生活の本	子どもの身近な生活や経験が書かれている本
4歳	物語の本	物語や伝記など、感動できる本
5歳	科学（知識）の本	子どもが筋道たてて考えることができる本

※上記のカリキュラムを参考に、絵本を選んで読んであげましょう。

来させるほうが、集中して聞くものです。子どもが喜ぶ絵本、自分で「読んで、読んで」と持って来る絵本は、何回でも読んで聞かせましょう。

毎日同じ本であっても、本人が飽きて退屈するようでなければ問題ありません。

一方で、新しい本を加えていくことも大切です。絵本は一冊の本をくり返し読むこと、できるだけたくさんの本を読むことの両方をうまく進めていきましょう。

読みたい本を自分で選ばせると、キャラクターの図鑑などを持って来ることもあります。そういう場合は、「それは、自分の時間にたっぷり読みなさい。そういう本ではなくて、お話の本にしようね」と言って、選び直しをさせましょう。

子どもが小学校高学年になったら、さすがに親が読み聞かせをしてあげることはなくなるものですが、親のほうから子どもが好きそうな本を買ってきて、「これ、おもしろいよ」と勧めてみるのも一つの手です。

また我が家では、書店に子どもを連れて行って「好きな本を買っていいよ」という時も、「ただしマンガ以外ね」とあらかじめ約束をさせました。放っておくと、必ずコミックを持ってくるからです。コミックやテレビゲームの攻略《こうりゃく》本のような本は自分の小遣いで買わせるようにして、それ以外の書籍で好きな本を選んできたら、一冊買ってあげるようにしたのです。

このように、何でも一〇〇％子どもの意思を受け入れるのではなく、親のほうで多少コントロールすることも必要です。

一日に二十〜三十分は読んであげる時間をとる

読み聞かせの時間は、できれば二十分から三十分程度はとってあげたいものです。本の冊数でいうと、小さい子どもの場合は短いストーリーの絵本が多いでしょうから、一日につき三〜五冊といったところでしょう。できる方は、時間が許せば一〇冊くらい読んであげてもかまいません。

二人きょうだいであれば、一人三冊ずつ読んであげればいいでしょう。二人で六冊ずつ読んでもらっているようなものです。一冊目はお姉ちゃん（お兄ちゃん）の本、二冊目は弟（妹）の本と、かわりばんこに読んであげることで、ここでもまた、「約束」とか「数」「順番」の概念を教える機会になります。これも、勉強の種にしてしまうといいでしょう。

絵本は楽しいおもちゃの一種

一歳前後から絵本に親しむとよいのですが、うちの下の子二人もそうでしたが、興味を持ってくれないと話になりません。そこであの手この手を尽くすわけですが、絵本には、指を入れて動かして遊ぶもの、触るとふわふわしたり、ざらざらしたり、香りがしたりするものもあります。開くと、中からしかけがとび出したり、いろいろと工夫されているものを使うとよいでしょう。

音が出るシリーズもありますし、また、小さいサイズの絵本は子どもの手にも余らず、お勧めです。紙の薄いものは、子どもがすぐ破ってしまうので、厚いボードブックタイプのもの（たいていは、そうなっていますが……）がよいです。

とにかく、楽しいおもちゃの一種だと感じさせてあげるのが、はじめの一歩といったところでしょうか。

「お気に入りの本」を見つける

興味を持ったら、精読・多読を勧めるチャンスです。一人ひとりの子どもによって、また時期によってもお気に入りの絵本は違います。お気に入りとわかったら、そのシリーズや、その絵を描いた人のほかの絵本をおいかけてみましょう。まず間違いありません。

ちなみに我が家の六歳（当時）の娘と三歳（当時）の息子は、せなけいこさんと佐々木マキさんのシリーズなら、まず間違いなく「もう一回読んで」となります。

シリーズ絵本を少しご紹介します。

- **ノンタンシリーズ**（偕成社）
- **もりはおもしろランド**（〃）

- ミニしかけえほんシリーズ（岩崎書店）
- 松谷みよ子あかちゃんの本（童心社）
- かわいいむしのえほんシリーズ（〃）
- 14ひきのシリーズ（〃）
- くまの子ウーフの絵本（ポプラ社）
- ミッキーおはなし絵本（講談社）
- パオちゃんシリーズ（ＰＨＰ研究所）
- えほん・くだものむら（国土社）

そして、いろいろな出版社から出ている、日本の昔話や世界の名作などがありますが、あげればきりがありません。

このほか、比較的安価で定期購読できるシリーズがあります。

- 「こどものとも」シリーズ（福音館書店）
- 「もこちゃんチャイルド」「おはなしチャイルド」シリーズ（チャイルド本社）

などです。

子ども用の本棚への並べ方にもひと工夫

我が家では、子どもが自分で自由に手に取って読むことができるように、寝室に三段ほどの小さな本棚を用意して絵本を入れていました。

その中に、子どもたちがその時気に入っているシリーズや、子どもの成長段階に合った文字数の本から子どもが喜びそうなものを選んで、並べるようにしていました。

ある程度時が過ぎて、「もうこの本はいいかな」と思うと、ほかの本に入れ替えたり、サイズの大きめの本と小さい本の位置替えをしたり、子どもがいろいろな絵本に興味を持つように、親のほうで仕組んでいたのです。

すると、親の思惑《おもわく》通り、入れ替えた本を引っ張り出してきて、自分で読んだり、「これを読んで」と言って持って来たりしました。

このように、子ども用の本棚への本の入れ方でも、親がひと工夫してあげることで、子どもが本好きになるように導くことができます。

旅行の時や、ちょっとした待ち時間にも絵本を

旅行に行く時も、絵本は欠かせません。乗り物の中など、ほかに何もすることができない状況では絵本が最適です。

たとえ絵本を持って行かなくても、飛行機に乗れば子ども用の絵本というのがありますから、頼めば持ってきてもらえます。ただし、二、三冊程度しか備えられていない場合もありますが。

また、団体行動をしている時の待ち時間にも、絵本が大いに役に立ちます。絵本があると、それを読みながら一人で静かに過ごしてくれるので、親は助かるものです。

小学校高学年になったら、伝記を読ませる

子どもが小学校高学年になったら、伝記を読ませましょう。

この年頃になったら、大きくなったらどんな人になりたいのか、将来の夢を持て

るように導いてあげたいものです。

伝記を通じて、偉人《いじん》たちがどのような幼少時代を過ごし、そこからどのような努力をして偉業を成し遂げたかを知ることによって、しっかりとした一生の目標を持ち、その目標に向かって努力することの大切さを学ぶことができます。

伝記ものは、内容が堅いものが多く、読みづらい傾向がありますが、今はマンガ版も出版されています。マンガはイメージ力の発達を阻害《そがい》するという一面もあることはありますが、本を読むことがあまり好きでない子どもでも、一気に読み進めることができるという利点があり、偉人の生涯、生き方をわかりやすく伝えてくれるのでお勧めです。

「本を一〇冊読んだら、一〇〇〇円あげる」の意外な効果

以前、私の家に甥《おい》と姪《めい》が遊びに来た時のことです。この時は、うちの子も含めて十一歳、九歳、七歳、五歳、三歳と、見事に二歳違いで男・女・男・女・男と五人の子どもが勢揃いすることになりました。それは本当にすさまじい世界で、あちらで文句の言い合いをやっているかと思えば、こちらでは朝から晩までゲームをやっ

ているというような状況でした。

そこで私は一計を講じました。甥と姪は小学校一年生と三年生なので、その甥と姪に、「おじちゃんの家には本がたくさんあるから、本を一〇〇冊読みなさい。そうしたらご褒美《ほうび》に一〇〇〇円あげるから」ということを言ってみたのです。

お金で釣って本を読ませるわけで、こういうやり方はあまりよくはないのですが、ご褒美の一〇〇〇円は、お金として持たせるというよりは自分の好きな本を買いに連れて行ってやるようなつもりで、提案してみたのです。

それが妙に効果があり、子どもたちは猛然と本を読み始めました。そこで私も、あまり簡単にクリアされたらいけないので、だんだん後から条件づけをしていきました。話をしたのが三月二十六日だったので、「三月三十一日で締め切りだよ」とか、「本を読んでいい時間は、朝起きてお昼ご飯の前までと、晩ご飯を食べてから九時半までの間だよ」という、時間の規制もしました。昼は外で遊ぶ時間だから本を読んではいけないことにしたのです。すると、朝からゲームをせずに、みんなで本を読んでいるのです。

三歳の子は自分で本を一冊読みあげることはまだできないのですが、五歳の子以上は自分で読むことができました。そこで、本を読み終わったらその本のタイトルを書かせるようにしました。『しらゆきひめ』などと書かせるのです。すると、それをやり始めて、いちばん激変して本の虫になった甥は三日目の朝になると、なんと五〇冊の本を読んでいました。

「じゃあ、二〇〇冊まで頑張ったら二〇〇〇円にしよう」と、私は再度提案してみました。我が家にはそれくらいの本はあるからです。すると、五年生の息子が、五年生にしてはあまりにも幼稚《ようち》な本ばかり持ってくるので、「小学校高学年は高学年らしい本を読まなくちゃな」とプレッシャーをかけたりもしました。

それにしても、みんな静かに一生懸命本を読んでいるというのは、なかなかいい光景でした。

この時間は本を読んでもカウントしないよと決めた時間でも、「でも読みたかったら、読んでもいいんでしょう?」と言い出す子もいたので、「いいよ。でも読んだ本のうちに数えないけれどね」と言うようなこともありました。初めはちょっとしたゲーム感覚で、深い考えなしで始めたことだったのですが、なかなかの効果でした。

結局のところ、もともとのきっかけは「ヤッター！　一〇〇〇円もらえる。お小遣いがもらえる！」ということで、子どものやる気に火をつけたのでしょうが、そもそも一週間の間に一〇〇冊読むというような多読の経験をしたことはこれまでなかったはずです。しかし、こういう経験をすることで、そのチャレンジが終わった後も、本が好きになる階段を一歩か二歩は、きっと上がっていくはずなのです。

こういうことを一回体験すると、本は意外におもしろいものだということを、ゲーム漬けの子どもたちに味わわせてあげることができます。

お小遣いをあげることについては賛否両論あるかもしれません。また、もので釣るのはどうだろうかと言う人もいらっしゃることでしょう。しかし、子どもを上手に動機づけてやり、ご褒美もまた自分の気に入った本にしていくというような形で導いてあげるのであれば、時にはこういうやり方もよいのではないでしょうか。

計算する力を育てる

計算の力は、算数の基礎になります。

数に強い子に育てるには、前章でも述べたように、毎日の生活の中で、折に触れて数を意図的に話題にすることです。食卓でお皿を数えたり、お箸を数えてみせましょう。おやつの時は、クッキーの数などを数えながら与え、買い物の時は、数を言いながら買い物かごの中に品物を入れ、階段を昇る時は一段ごとに数を言いながら昇るなど、日頃から心がけましょう。

数の教え方の三つのステップ

ステップ1　数唱《すうしょう》遊び

子どもは数を数えることが大好きです。この性質を利用して、数に強い子どもに育てましょう。次に数唱遊びをいくつかご紹介します。

①お風呂に入った時などに、子どもに数を数えさせましょう。一〇まで数えられる子どもは二〇まで数えられるように、二〇まで数えられるようになったら、次は三〇まで……というふうに増やします。

②次に、親子で交替に一、二、三と言っていきましょう。お風呂でこの遊びをしばらく続けましょう（一週間くらい）。

③次は、子どもに「一の次は何？」「二の次は何？」と、きいていきます。この遊びは足し算の基礎作りになります。

④③の遊びが正しくできるようなら、今度は順番を飛ばして、「三の次は何?」「七の次は何?」というふうにききます。この遊びに習熟すれば、8+1=9という計算は、八の次の数を言えばいいことを教えればいいのです。

⑤今度は、「次の次は何?」をきく遊びをしましょう。「三の次の次は何?」「七の次の次は何?」と子どもに聞くのです。この遊びを二週間くらい続けてください。この遊びに習熟すると、二の足し算が非常に楽にできるようになります。

⑥次は、一〇から逆に一まで数えさせます。親子で交替に一〇、九、八、七……と言っていきましょう。また、「一〇の前は何?」「七の前は何?」と聞いていきましょう。これも一度に進めてはいけません。それぞれ一、二週間ずつかけて進めてください。これは、引き算のよい基礎作りになります。

⑦二、四、六、八、一〇……と、二とびで数える数え方を教えましょう。おはじきなどを使って、実際のもので、この数え方を教えてください。

⑧五、一〇、一五……と、五とびで数える数え方も教えてください。

⑨一〇、二〇、三〇……と、一〇とびで数える数え方も教えましょう。

ステップ2　対応遊び

数字と、同数の実物とが対応できるようにしましょう。一～一〇までの対応ができるようにします。例えば、『三匹のこぶた』にぶたが三匹出てくること、『おおかみと七匹のこやぎ』に、こやぎは七匹出てくる、などです。

ステップ3　数構成遊び（合成と分解）

一つの数を、二つに分けると、何と何から構成されているかを理解させます。

数の合成は、例えば五の合成であれば、一と四を足して五、二と三を足して五、三と二を足して五、四と一を足して五、ということです。これは、足し算を理解するための基礎になります。

数の分解はその逆で、例えば「五は四といくつでしょう」ということです。これは、引き算の基礎となります。

一～一〇までの一桁の数で合成・分解をしっかり理解できるようにすると、数のセンスがワンランクアップし、その後

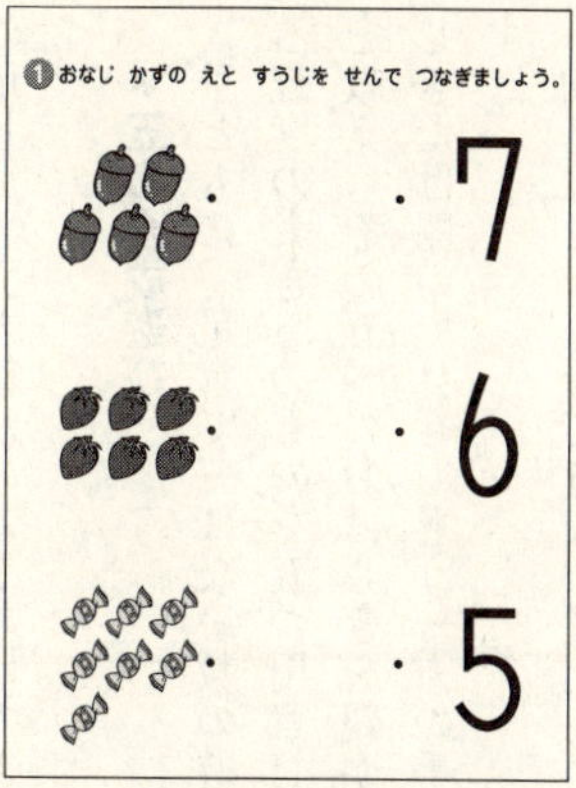
❶おなじ　かずの　えと　すうじを　せんで　つなぎましょう。
7
6
5

対応遊びの例
（七田式プリント「かず」より）

の足し算・引き算がスムーズにできるようになります。

＊五の合成遊び

子どもに、足して五になる数の遊びをさせます。まず、おはじきなど片手で握れる程度の大きさのものを五つ用意してください。子どもにおはじきが五つあることを教え、その五つのおはじきを親が両手に分けて持ちます。一方の手に持ったおはじきだけ開いて見せ、もう一方の手にはおはじきがいくつ隠されているかを問います。

初めはなかなかできない子どもも、やがて楽に当てられるようになるでしょう。

次にカードを六枚用意してください。五の合成遊びをカードでやります。カードには表に〇から五までの数の魚やりんご、あるいはカニなどの絵を描いておきます。裏には表の絵と合わせて五になる数の同じ絵を描きます。例えば表に三匹の魚が描いてあれば、裏には二匹の魚を描いておくのです。

子どもに、カードの裏には表の絵と合わせて五になる数の絵が描いてあることを告げ、一つひとつのカードの裏に描いてある絵の数を当てさせます。

小学校入学までに「足し算九九」を覚えさせる

足し算も、かけ算と同じように「九九」で教えましょう。「足し算九九」は、例えば「6＋7＝13」というのを、「赤＋黄色＝オレンジ」というのと同じように、理屈ではなく「6＋7＝13」なんだという形で覚えてしまいましょうというものです。かけ算九九と混同しないように、「ろくとしち↓じゅうさん」のように「＋」を「と」と読めばよいのです。

これを覚えると、指を使わないでスッと正しい答えが出てきます。数の基礎を理解していなくても、右脳に働きかけて入力していく方法です。これは小学校に上がる前でもできます。

なぜ6＋7＝13になるのかということについて、六つのタイルと七つのタイルがあって、七つのタイルのうちの四つを六つのタイルのほうに持っていくと、こっちが一〇で残りが三になるから、答えは一三になる、というふうにタイル方式で仕組みを理解するのは左脳的な勉強で、それは学校で教われればいいことです。「足し算九九」自体は、入学前に覚えてしまいましょう。

「足し算九九」の覚え方

1＋1＝2	→	1と1、2
2＋1＝3	→	2と1、3
3＋1＝4	→	3と1、4
4＋1＝5	→	4と1、5
5＋1＝6	→	5と1、6
6＋1＝7	→	6と1、7
7＋1＝8	→	7と1、8
8＋1＝9	→	8と1、9
9＋1＝10	→	9と1、10
1＋2＝3	→	1と2、3
2＋2＝4	→	2と2、4
3＋2＝5	→	3と2、5
4＋2＝6	→	4と2、6
5＋2＝7	→	5と2、7
6＋2＝8	→	6と2、8
7＋2＝9	→	7と2、9
8＋2＝10	→	8と2、10
9＋2＝11	→	9と2、11

なお、もう一つ、かけ算九九と違うのは、「二の段」で言うと「にいちがに、ににんがし、にさんがろく……」のように、かける数が増えるのではなく、「いちとにさん、にとにし、さんとにご……」のように足される数のほうが増えていきます。

足し算九九は根気よく取り組んでいきましょう。一〇回や二〇回聞けば覚えられるというものではありません。「今すぐ覚えられなくてもよい」と思ってください。二〇回でわからなければ、三〇、四〇……一〇〇回と、くり返し淡々《たんたん》とインプットすれば、必ず子どもの口からも出てくるようになります。

一〇〇マス計算の初歩版からスタートさせる

計算力を養うには、陰山英男《かげやまひでお》先生が著書の中で紹介され、今ではすっかりおなじみになっている「一〇〇マス計算」が効果的です。

一〇〇マス計算とは、縦横に一一のマス目を作り、いちばん上の段と左端の列に任意に0から9までの数を入れていきます。こうしておいて、用意ドン、で生徒たちに縦横のマス目の数を足し合わせて答えを記入させていくというものです。

足し算を学び始めたばかりの子どもには、この一〇〇マス計算の考え方を活かしつつ、最初はマスが一六マスくらいのものを与えて、取り組ませましょう。次ページの図のような問題を与えて、この一六個のマスに答えを埋めさせるのです。

こういった取り組みによって、足し算ができるようになったら、あとは、タイムで競わせます。これもゲーム感覚でさせます。すると、最初は全部答えを埋めるのに五分くらいかかっていたのが、四分台になり三分台になり……というようにして、計算に自信をつけていくことができます。一六マスで1から4しか使わなければ、最大が8ですから、一桁の足し算です。これなら小さいお子さんでも取り組むことができます。

初めは一六マスからさせて、二五マス、三六マス、四九マス、六四マス、八一マス、一〇〇マスというふうに徐々にマス目を増やしていきます。一〇〇マス計算までできるようになったら、目標タイムは二分くらいに設定し、そこに到達するまで

+	7	4	3	5
9				
6				
4				
7				

16マス

+	3	6	2	7	5	4
9						
4						
8						
6						
7						
5						

36マス

くり返しさせるとよいでしょう。

夏休みは遅れを一気に取り戻すチャンス

私の息子が小学校一年生で、その一学期の時のことです。私がたまたま後ろで見ている時、幼児教室で数名の子がいっせいに一〇〇マス計算にチャレンジし、タイムを取り始めました。しかし、ほかの子どもがもう終わってしまったのに、息子にはまだ二〜三列、計算が残っていました。息子はそれを非常に恥ずかしがって、「僕はもう、こんな計算はしない！」と言い出しました。本人は、ここで計算に対しての挫折《ざせつ》感を味わってしまったのです。

そこで、夏休みになんとかして身につけさせてやりたいと思い、足し算のカードを息子と一緒に作ることにしました。名刺くらいの大きさのカードの表に、例えば「6＋7＝」と書いて、裏に「13」と書くのです。そういうものを親子一緒に共同作業で作っていったのです。

カードが出そろって、それで勉強させていたのですが、子どもにいくつか苦手な足し算があることに気づきました。6＋7は必ず15になるとか、間違って覚えてしまっているものがあったのです。

そこで一計を案じ、「五問連続正解したらジュースを買ってあげるよ」と約束して、子どもが間違えたことがある計算だけをあらかじめ控《ひか》えておいて、3＋8、9＋4など、いわゆる答えが十いくつになる、くり上がりの足し算をかなりさせました。これは、五問連続で正解できればご褒美があったので、子どもにとっては楽しい取り組みだったようです。

こういったことを経て、子どもにも自然に自信がついたのでしょうか、もともとは、少し劣等感があり、自分がいちばんできないというのを感じて投げやりになっていたのが、その後は、算数が得意で、計算は速いという意識に変わったようで、一〇〇マス計算にも積極的に取り組むようになりました。

学習上での遅れを察知《さっち》しても、夏休みは遅れを一気に取り戻せる時間が十分にあるものです。一夏で結構変わることができます。

ご参考に……年齢別・算数のカリキュラム

*〇歳六か月

数表を指さして、読んで聞かせる。

ベビーサークルの横についているそろばんの玉を動かして、一から一〇まで数えてみせる。

数の絵本を読んで聞かせる。

＊一歳六か月

「一」と「たくさん」の違いがわかる。

「もう一つ」がわかる。

＊二歳

図形（丸、三角、四角）の区別がわかる。

一から一〇までの数唱ができる。

一と二の区別がわかる。

多い、少ないがわかる。

大きい順に箱を積むことができる。

＊二歳六か月

長い・短い、高い・低いがわかる。

円の大小がわかる。

「増えた」「減った」がわかる。
同じ図形を選び出すことができる。
数字二つの復唱ができる。
図形を見て、丸、三角、四角、長四角が言える。
＊二歳八か月
同じ仲間がわかる。仲間はずれがわかる。
四ピースのピクチャーパズルができる。
＊二歳十か月
一〜三の実際の数がわかる。
一二ピースのピクチャーパズルができる。
多くの図形の区別ができる。
＊三歳
三〇まで数唱ができる。
一〇〜〇までの逆唱ができる。
一〜一〇までの数字が読める。
内と外、上下がわかる。

同じ数同士の対応ができる（一～三）。

＊三歳三か月

五までの実際の数がわかる。サイコロの目の数がすぐに言える。

同じ数の対応ができる（一～五）。

＊三歳六か月

一〇までの言われた数を取り出すことができる（数字、実物について）。

五〇まで数えられる。

一から一〇までの数を並べることができる（数字・実物）。

長いものから順に三つまで並べることができる。

＊三歳七か月

次に来る数字が言える。

二〇ピースのピクチャーパズルができる。

＊三歳八か月

次の次に来る数字が言える。

一つ前の数字が言える。

前後、隣がわかる。

早い・遅いがわかる。
左右がわかる。
＊三歳九か月
順番を表す言葉がわかる（前から三番目はどれ、上から二段目の左から二番目など）。
サイコロを二つころがして、足した目の数が言える。
量の多い・少ないがわかる。半分がわかる。
二、四、六……の数え方がわかる。
＊四歳
一〇〇まで数えられる。
一〇〇までの数字を正しい数列に並べられる。
一から一五までの実際の数がわかる。
五、一〇、一五……の数え方ができる。
一〇、二〇、三〇……の数え方ができる。
＊四歳一か月
丸、三角、四角の図形が描ける。
七〇ピースのピクチャーパズルができる。

五の合成ができる。
太い・細いがわかる。
広い・狭いがわかる。
厚い・薄いがわかる。
お金の一〇円、一〇〇円がわかる。

＊四歳六か月

時計の何時がわかる。
立方体、直方体、円柱体の区別がわかる。
数字四つの復唱ができる。
違う長さのものを、長いもの順に七つ並べることができる。
六の合成ができる。

＊四歳八か月

七の合成ができる。

＊四歳九か月

八の合成ができる。

＊四歳十か月

九の合成ができる。
六以下の加算が自由にできる。
時計が何時、何分（五分単位）までわかる。
一円、一〇円、一〇〇円がわかる。

＊五歳

一〇の合成ができる。
浅い・深いがわかる。
重い・軽いがわかる。
遠い・近いがわかる。
東西南北がわかる。
九〇ピースのピクチャーパズルができる。

＊五歳六か月

足す一〇までの加算が、指を使わずに自由にできる。
時計が一分単位までわかる。
お金の計算ができる。
一〇〇マス計算（加算）が十五分以内にできる。

＊五歳八か月
一〇〇マス計算（加算）が六分以内にできる。
＊五歳十か月
一〇〇マス計算（加算）が三分以内にできる。

子どもの英語力を伸ばすには

乳幼児期から英語を聞かせる機会を作る

英語について、乳幼児期にしておいてあげたほうがいいことは、やはり耳から聞かせてあげるということです。

小さな赤ちゃんは、耳にした外国語の発音に合った発声器を、自ら作り出す力を持っています。〇歳から三歳までが非常に敏感な時期で、その後は次第に衰えていき、六歳までにはこの力はほとんど消えてしまいます。一つひとつの外国語には、その国語特有の発声法があり、成人になってからではそれらの音を身につけることが非常に難しいのですが、赤ちゃんにはわけないことなのです。それは、幼児が英語を知的学習（左脳学習）ではなく、ごく自然に右脳学習してしまうからです。

例えば、お父さんの仕事でアメリカに転勤になり、一家で二～三年アメリカに滞在することになった場合、英語を楽々と口にするようになるのは、その家でいちばん小さい子どもであることがほとんどです。

右脳は、入ってきた情報の間に働く法則を無意識に自得し、情報を高速処理し、使いこなすという高度な機能を秘めた脳です。大人は自分の頭で考える左脳の能力を使って語学を学びますが、この能力では、十年かかっても一言語を習得することはできません。ところが、まだ学校にも入っていない幼児が現地の幼稚園に半年も通うと、英語をどんどん話すようになります。二年も滞在すると完璧な英語を身につけてしまいます。

このように、乳幼児期は、英語を身につけさせる上で、非常に有効で大切な時期といえます。

しかし、日本にいると、親が努力して子どもが英語をたくさん耳にするような環境を作ってあげない限り、子どもの英語力を引き出すことはできません。

ですから、乳幼児の頃から、CD教材などを利用して、子どもに英語を聞かせる機会をぜひ作ってあげてください。

・お勧めの英語CD・

BGM的にベーシックに流して聞かせるものとしては、「さわこの一日」という教材をお勧めします。これは、さわこという二歳の女の子が、朝起きてから寝るまでの一日をマンガとCDにしてあるものです。一コマ一コマの絵に合わせて、例えば"Good morning, Sawako. It's morning."とか、"Oh, you are still sleeping."といったフレーズが書いてあるのです。

これを何度もくり返し聞かせて、絵を見せて子どもに英語のフレーズを言わせるというところまで持っていくと、英語がペラペラの子どもに育てることができます。これは、二歳くらいから、あるいは一歳から聞かせてもいいでしょう。

実際に、私の娘にこの教材を聞かせていたところ、まだあまり発語をしない時期から「べーべーべー」とか何とか言って、モゾモゾ言っていたことがありました。この子は何を言っているのだろうと不思議に思っていたのですが、この教材のパート2の「ツバメの巣を見に行く」という話に答えがありました。その中に、さわこのお父さんが仕事から帰った後、お父さんと散歩に行ってツバメの巣を見つけているシーンがあるのですが、鳥が飛んでいく時〝Bye bye, birds.〟と表現していて、それを「ベーベーベー」と言っていたのです。これは、娘に英語がインプットされ始めていることを実感する体験でした。

基本的に楽しみながら取り組めるので、大いに聞かせてあげてください。無理にテキストを読ませなくてもかまいませんが、「さわこの一日」のCDは、テキストのページをめくるところで効果音が鳴るようにできているので、子どもでも自分でページをめくるタイミングがわかりますから、CDを聞かせる時にテキストを持たせるようにするとよいでしょう。

「さわこの一日」の姉妹編で「ゆきおの一日」という教材もあります。これは、ゆきおが三歳の男の子という設定で、「さわこの一日」より全体で五割くらい、ボリュームが多いものです。

アニメビデオの英語バージョンを活用

子どもに英語の発音に慣れさせる上で、役に立つのが、アニメーションの英語バージョンのビデオです。『となりのトトロ』や『魔女の宅急便』などの日本のアニメーションで、英語版が売られているものがありますが、うちの娘の場合、いちばん役立ったのは『となりのトトロ』の英語版のビデオでした。

私の娘には二歳の時、『となりのトトロ』の英語版を見せたところ、初めから終わりまでの約二時間、食い入るように見ているのです。ちなみに彼女は、『となりのトトロ』は英語版でしか見たことがありません。

このように、子どもが親しみやすいアニメーションの英語版を見せることによっても、英語の良い発音をインプットすることができます。

「あいうえお」と同時に〝ABC〟を教える

基本的には、無意識のうちに英語が自然に耳に入ってくる環境を、親が作ってあげることです。例えば、食事の時には必ず英語の教材のCDをかけるようにするのです。

英語をものにするには、大人の場合は、「絶対に英語を話せるようになるぞ」というポジティブな気持ちがまず必要で、漠然《ばくぜん》と、試験があるからやる、などというようなやり方では、とても身につかないものです。絶対にしゃべれるようになるんだという、必要に駆《か》られないと、なかなか身につかないのです。

しかし、子どもの場合は「英語を身につけるぞ」という決意ではなく、環境の中に英語があるようにすれば、なんとなく英語のリズムが好きというようなところから、英語に親しむようになり、身についていきます。

そういう意味では、英語のリズムに親しませる目的で、『マザーグース』のような英語の歌を聞かせるのも効果的です。

聞かせておいて、発語を待つというやり方を表す「母国語方式」という言葉がありますが、母国語と同じように英語が耳に入るようにしてあげればいいのです。日本語も獲得していない子どもに英語を教えて言葉が混乱しないだろうかと、時々気にする方がいますが、それはやり方次第です。

例えば、以前私どもの姉妹会社である児童英語研究所に、フィリピン出身の女性の英語講師がいたのですが、ご主人は日本人でした。その二人の子どもは、英語と日本語の両方を話すバイリンガルに育ちました。

その子の場合、小さい頃は英語がしばしば会話の中に出てきました。「マミー、あそこからカーが来たよ」といった話し方をしていたのです。その子にとっては、お母さんと言うよりマミーのほうが楽だし、自動車と言うよりカーと言うほうが楽なので、両方の語彙はあるけれど言いやすいほうを言うということで、和洋折衷《わようせっちゅう》の話し方をしていたのです。

ところが、小学校は普通の日本の学校に進んだので、そんな話し方をしていると、友だちに相手にされなくなるため、英語をしゃべらなくなった時期がありました。

しかし、そういう時期があったにもかかわらず、高学年になってTPOがわかるようになると、英語の素地《そじ》は既にでき上がっていたので、日本語も英語も話すことができるように育っていったのです。

英語もくり返し読んで暗唱させる

英語も日本語と同様に、同じ本を何度もくり返し読んで、暗唱読みができるようにすることが有効です。

小さい英語の絵本をたくさん読み聞かせて、暗唱させていくようにしましょう。八ページくらいの絵本をどんどん暗唱させていくと、英語力はどんどん進化していきます。一話で完結して、それこそ基礎概念を押さえていくようなシリーズの絵本を、英語で読んであげることです。

お勧めは、"Speak Up Stories"というシリーズです。八ページの絵本が二六冊あって、それを英語で読み上げたCDがついています。

できれば、英語の絵本の読み聞かせを、日本語の絵本を読み聞かせる時期に、併せてやってしまうといいでしょう。中学英語で十分に訳すことができるような平易な絵本を、英語で読んであげた後で、自分で訳しながら日本語で読んであげるようにします。

英語を教えるとっかかりは、単語から

英語を教える際、何からスタートすればよいでしょうか。これは、基本的には単語です。とりあえず単語がわかれば、たとえ文法が理解できていなくても、後は身振りで英語は通じますから、まずは単語から覚えさせ、語彙を増やしていき、そこから徐々にレベルアップしていくようにします。

基本は右脳に聞かせるというか、意識せずにBGM的にくり返し聞かせるようにして、自然にフレーズとして出てくるというところまで持っていきます。そういう状態にまで到達すると、そうなった言葉はもう染みついたものとして、決して忘れません。

単語を覚えさせるには、**「かな絵ちゃん」**の英語版をお勧めします。これは、一八〇〇枚の英単語のフラッシュカードです。"apple" "bread" といったカードで、CDもついています。

これは単語を身につけさせるための教材です。動物、草花、人物といったテーマがあって、そのテーマに即した単語を、よどみなく言えるようにしていこうという

ものです。

ヒアリングが大切な理由

子どもが小さい時、日本語でも「さしすせそ」が言えなくて、「たちつてと」になってしまう時期があります。どうしても「さしすせそ」が表現できない時期があるのです。それは、自分では分けて言っているつもりなのですが、身体的能力、すなわち舌の筋肉のほうがうまく育っておらず、追いつかない時期というのがあるわけです。

英語でも、どんな言語でも、しっかり音が聞き取れていると、発音の違いがわかって、正しく発音ができるようになります。このように、音を聞き取れれば正しく発音でき、理解できるようになるので、ヒアリングが第一に大切だというわけなのです。

日本人が外国語を苦手とするのは、日本語の持つ周波数帯と、英語なら英語の持つ周波数帯とが違うからです。

ところが、ロシア語などはかなり広い周波数帯があるそうで、そういう周波数帯の人が英語を聞くと、結構聞き取ることができ、学習が容易なので、平均的に日本人よりも英語を学ぶのに苦労がないということがあります。

ですから、そういう音を聞き分ける耳だけは持てるように、とりあえず、幼い頃から英語をたくさん聞かせるようにしたほうがいいのです。

また、耳に入ってきても、もともと自分にない語彙だと聞き取れません。日本でも例えば、こちらが「しちだです」と電話で言っているのに、「うちださんですか?」とか「つちださんですか?」とか電話の向こうの相手は聞き違えていて、「新聞のし、ちり紙のち」というように説明しないと通じないことがあります。これは「しちだ」という語彙を先方が持っていないために、こちらが「しちだ」と言っているとは思わず、起きてしまう現象です。

これと同じことが、語学学習の場でも起こります。耳に入ってくる言葉が、その人の持っている語彙の中にないと、聞き取れないのです。

これは単語だけでなく、単音でも同様です。日本人の英語の発音でも、例えば“cat”の［æ］(catのaの音)の発音は、もともと日本語にはない音なので、日本的な「キャット」というような発音になってしまいがちです。

ですから、まずそういう音を乳幼児期に聞いたことがあるかどうかが、発音を正しく聞き取って発音できるかどうかにつながります。

たとえ英語を話せるところまでいかないとしても、英語をたくさん聞いたことで、いい基礎ができますから、学校で英語を習う段階になってから、ストレスなく勉強できるようになります。

・第四章・

早期の右脳教育が記憶力を伸ばす

早期教育の重要さを発見した、二人のノーベル賞科学者

幼児教育は、小さな時から知識を詰めこもうとするものではありません。すべて素質を育てるためのものです。

子どもは知的な刺激を無理には与えずに遊ばせて育てる、という考え方がありますが、これでは失敗してしまいます。

脳科学が進んできたのは一九六〇年代に入ってからです。この頃から、赤ちゃんの生後受けた経験が、脳の形成に影響を与えることが知られるようになり、人々は雷に打たれたような衝撃を受けました。

この事実を最初に探求したのはアメリカ・ハーバード大学の、トールセン・ウィーゼルとデビッド・ヒューベルです。

この二人は二つの重要な発見を評価されて、一九八一年、ノーベル生理学・医学賞を受賞しました。

その二つとは、

①感覚から受け取った経験が脳細胞に仕事を教えるのに重要な役割を果たしてい

る

②幼児期を過ぎてしまうと脳細胞がこの学習をする機会が失われてしまうということです。

つまり、ウィーゼルとヒューベルは、早期教育の大切さを科学的に発見してノーベル賞をもらったのです。

後に、ロックフェラー大学の学長になったウィーゼルはこう言っています。

「これは非常に重要な洞察《どうさつ》だ。誕生から少年時代までの間は特に大切な期間なのである。この間に、子どもは視覚、聴覚、言語など、刺激の多い環境で生活を送らなくてはならない。なぜなら、その後の人生で成長していくための基礎がここで築かれるからである」

生まれてすぐから豊かに語りかける

我が家でも、子どもたちが生まれると豊かに語りかけて育てました。夫婦とも会社を別々に経営していて、子どもたちに働きかける時間的余裕は悲しいほどなかったのですが、子どもに豊かに語りかけること、絵本をできるだけたくさん読んであげることの重要さを知っていたので、なるべくそうしてきました。

言語だけが大切なのではありません。体をよく動かすようにさせること、手をよく使わせることも重要です。だから、小さい時から箸を使わせ、ハサミを使わせ、鉛筆を使わせるようにしてきました。

おかげでいちばん下の息子などは、三歳でハサミを五歳児のように使いこなし、満三歳の頃には一人で本を読み始めました。

忙しい生活をしている私たち二人でも、できるだけやればそれでいいと割り切って、セカンドベスト主義でやってきました。

会員の方にもそうお伝えしています。朝から晩まで子どもと向きあって、すべての時間を子育てに捧げるという教育でなくていいのです。

ここに、会員の方からのお便りがあります。

お母さんからの手紙

ポイントは、肩の力を抜いて細く長く

――だいたい我が家は、どの取り組みも熱心なご家庭に比べると非常にいいかげんです。しかしながら、しちだの通信を始めて一年半。この右脳開発というのは私の仕事であるヨーガと理論的には同じところにあるということがよくわか

り、肩の力を抜いて、細く長く取り組むことがいちばんのポイントだと思っています。

ヨーガもそうなんですが、必死になって「やろう、やろう」と強引にしても効果は出ないんです。「気」を集中するには自然体で力を抜いていないと気が通らないのと同じで、これも、くり返し遊びの一部として反復していくことで、結果として右脳が開いてくるのですよね。

今、私が教えていただいているヨーガの先生がいつもこうおっしゃいます。「理論をこねる前に、体で会得《えとく》しなさい。結果は向こうからやって来る」と。

このヨーガの先生がおっしゃる通り、気を出そうと唸《うな》ったって気なんか出ないのです。

しちだのプログラムを実践し、その結果として右脳が開いた、というつもりで取り組みます。

仕事をしている私にとっていちばんの支えは、「セカンドベスト主義」という、この言葉です。

（一歳十一か月のお子さん／福岡県　H．S．さん）

脳科学に学ぶ記憶力育成法

忙しい家族の方にもぜひ取り組んでいただきたいのが、子どもの記憶力を育てることです。

これは、同じ絵本をくり返し読んで聞かせることによって育ちます。

子どもはもともと、絵本を読んでもらうことが大好きです。しかも同じ絵本をくり返し読んでもらいたがります。

私たち夫婦は忙しい生活をしていて、二人とも月の半分近く、家をあけていますが、絵本読みだけはできるだけ欠かさずやってきました。それが何よりのコミュニケーションになりました。

私たちは、子どもに最小限必要な基礎力を与えてあげればいい、後は子どもたちに自由に考えさせればいいと思っています。

その基礎力は二歳、三歳といった頃から記憶の訓練をしてあげることで養われます。

無理やり記憶させるというのは左脳的です。絵本をくり返し、くり返し読んであげると、右脳が勝手に記憶し、優れた記憶の回路を開きます。

十分話ができるようになったら、今度は記憶したことを話させてみます。すると、くり返し聞いて覚えたことを、喜んでその通り話して聞かせてくれます。

記憶力の良い頭を作るのには、一方的に聞かせるだけではダメで、十分聞かせて入力回路ができたら、今度は発語して出させる出力回路作りが大切なのです。

これについては、ノーベル生理学・医学賞の受賞者、ラモン・イ・カハルの言葉があります。

(1)脳を発達させるには単に刺激を与えるだけではダメで、みずからの行動によって環境に働きかけ、その結果生じる刺激を通して知覚のフィードバックを行う。脳機能促進の最大の効果は、ここから生まれる。

(2)この感覚のフィードバックのうちでも、最も脳の発達に効果があるのは、幼児期の行動によるフィードバックである。

彼もまた、幼児期の大切さを強調しています。

ただ聞かせればよいというのはダメで、時期がきたら、今度は発語させて、良い出力回路を作らせることが大切です。

くり返しが多いほど、良い記憶回路が育つ

次々に新しいことをたくさん教えこむことは、決して記憶力の良い頭を作る方法ではありません。大切なのはくり返しです。それも一〇回、二〇回というくり返しではなく、一〇〇回、二〇〇回、五〇〇回といったくり返しがよいのです。先へ先へ進むことが頭を良くする方法ではなく、くり返しを多くすることが能力を育てるのです。くり返しによって、人間の脳は育つのです。

私は忙しい身なので、ほとんど子どものために時間をとれませんが、子どもといる時には、子どものためを思って、なるべく遊びの相手をしてきましたし、夜寝かしつけの絵本読みは努めてするようにしてきました。

車に子どもを乗せて移動している時は、楽しく覚えやすい歌がたくさん収録されている子ども用の学習ＣＤ、「ＰＯＰキッズ」を流してくり返し聞かせました。そのおかげか、子どもたちは保育園で誰よりもたくさん歌が歌えるようでした。

忙しくて、ろくに取り組みができなくても、子どもの相手ができる時に、くり返し絵本を読んで聞かせる、くり返しＣＤを聞かせるということくらいはできます。

それで、良い記憶力が育ち、学習の基礎、知性の基礎が磨かれるのですから、忙しいお父さんといえども、そのくらいの協力はしましょう。毎日コツコツすることがベストなのは間違いありませんが、それができない家庭では、セカンドベスト主義でくり返し基礎力を育てようと、のん気に考えてやってみましょう。

知識の詰め込みより、基礎力をじっくり育てる

七田教育の基本の考え方は、常に基礎力を育てることにあります。フラッシュカードなどを見せて、大量の知識をインプットすることを目的にしているように思われるかもしれませんが、これは実はそんな意図でやっているのではないのです。高速大量インプットで右脳を活性化し、一度見たら覚えてしまうという質の良い記憶力を育てるというのが、本当の目的なのです。

七田教育で学ぶ子どもたちは、できるだけ速いスピードでカードをフラッシュして見せることを勧められますが、それは瞬間記憶の力を育てるためです。『頭には、この刺激がズバリ効く！』（三笠書房）という本を書いた脳研究の世界的権威ウィン・ウェンガー博士は、〇・五秒で見せる視点トレーニングが脳の処理

スピードを高め、瞬間に覚えてしまう驚くべき記憶力を育てると言っています。このような質の良い記憶力、学習力を育てることを、子育てで考えるのがいいのです。

・第五章・
生きる力を育てる『しつけ』のポイント

心のしつけのポイントは、子どもを尊敬すること

子どもの知力を育てること以上に、子育てで大切なのは「しつけ」です。子どもを立派に育てたいという思いは、すべての親の願いでしょう。そのためにはまず何より子どもの心を健康に育てなければなりません。子どもの健康というと、体の健康のことは誰にもすぐ思い浮かびますが、心の健康ということになると、案外どう育てたらよいかわからないことが多いのではないかと思います。子どもに人生を力強く生きる力を与えるには、小さな頃の心の健康のしつけほど大切なものはありません。

小さな頃の心の健康のしつけとして、何より大切なのは、親が子どもに心からの「愛」を伝えることです。思っているだけでは不十分で、伝わっていないことの方が多いです。親から愛されているという実感を持てるようにしてあげましょう。それともう一つ、しつけには「敬」の面があります。

子どもを一人の尊敬すべき人間として見るようにし、小さい時から「敬」の心を持って接しましょう。

子どもだからといって、話し方を年齢で差別しない

子どもがまだ幼く、あまりしゃべらない時期であっても、大人が話しかけることについては、案外いろいろと理解しているものです。子どもの年齢によって、話し方であまり差別をしないようにしましょう。

三歳の子どもでも、「パパ、○○は△△だよ」と、大人のように話をすることもあります。まだ肉体的な面での成長は遅れている部分があり、六歳くらいにならないと肉体的な面ではなかなか大人並みにはできないものですが、会話をしていく上では、それほど高《たか》をくくる必要はないのです。

もちろん、これはもうこの子に理解できるだろう、わかるだろうと思って話してみても、実際にはまだ理解できないこともあります。その時は、その年齢なりの説明をしたり、その年齢なりの話し方をしたりすればよいのです。

そういうふうに接するようにすると、子どもが案外それに応えてくれるようになるものです。親が子どもをどう考えるかで、子どもの可能性は違ってくるものなのです。期待されれば期待されるほど、親がこうなってほしいと思えば思うほど、子

どもは変わっていきます。これが人間、人類のすごいところです。

逆に、このくらいしか理解できないだろうと、能力を見くびってしまうと、そこで踏みとどまってしまうのです。

子ども一人の人格として接する

親も我が子に対して、「まだ子どもだから……」と見くびらずに、一人の人格として接することが大切です。これは、私自身、親から教えられたことです。

例えば、これは私が成人してからの話ですが、私の両親は車の運転をしないので、時々私が運転手になることがあります。すると、目的地に着いて、車を降りる際、両親二人して深々とお辞儀《じぎ》をして、「ありがとうございました」と、息子の私に感謝の意を示してくれるのです。

子どもに対して頼んでいるのですから、もっと自分の好きなように、私をあごで使うような感じがあってもいいのではないかと思うのですが、逆に、「いや、そこまでしなくてもいいのに」というくらい、礼儀正しく接してくれるのです。

これは、たとえ相手が我が子であっても、してもらったことに対するお礼はきちんとしなくてはいけないという考えが、根底にあるようでした。両親のその姿は、私の中でとても印象深く残っています。

子どもに対してでも、何かしてもらったら、きちんとお礼の言葉を言わなければいけませんし、こういった一つひとつのことを、親子だからといってないがしろにしないことが肝要なのではないでしょうか。

善悪の基準については、親がきちんとしつける

ほめる子育てにとらわれて、どんな時でも叱ってはいけないのだと思いこんでしまうお父さん、お母さんがいます。

子どもが何をしても、人に迷惑をかけていても、笑って見ているだけ、という子育てではいけません。子どもがいけないことをした時には、子どもをそのまま受け入れる、一〇〇点と見るという見方を持ってきてはいけないのです。

子どもが人に怪我《けが》をさせてしまうかもしれないような危険な行為をした時や、体を傷つける恐れがあることをした時、また、本を踏んだり、食べもので遊ぶなど、行儀の悪いふるまいをした時は、それはしてはいけないことだと、言って聞かせま

しょう。

言って聞かない場合は、時には叱る必要があります。しかしそれは、その行為を叱るのであって、「もう、ほんとに○○ちゃんはダメね」などと、その子の人格そのものを否定するような言い方をしてはいけません。

子どもが悪ふざけをして、親が言って聞かせても直らず、叱る必要が出てきた時は、「この足が悪かったんだ」と言って、足をバーンと叩くとか、「この手が言うことを聞かなかったんだ」と言って、ニコッと笑って、手をバシンと叩くようにすると、子どももしばらくは泣いたりしますが、それはそれで納得するものです。

手が悪い、足が悪いというよりも、その行為自体が悪いということを叱るわけですが、子どもがまだ幼く、理屈で説明するのも難しい年齢の場合は、このような叱り方をするのもよいでしょう。

社会はルールで成り立っています。自分勝手で、何をしても自分には責任がなく、他人に責任があると思い込むような子どもに育てることがないように、まず家の中のルールからしっかり守るという習慣をつけさせましょう。

子どもをしつける上で、目標とすべきことがあります。それは、

*自分の感情をコントロールできるようにする

＊人のことを思いやれる心の優しい子に育てる

ということです。

また、家族が守るべき、家でのルールを作りましょう。例えば、

＊わがままばかり言わない
＊いじわるはしない
＊うそをつかない
＊親に反抗しない

といったルールです。

そして、そのルールを破った時は、厳しくいましめるようにします。

ここで大切なのは、「いけないことをした時は、うちの親は厳しい」と子どもに自覚をさせることです。叱る際は、子ども自身を叱るのではなく、子どものした間違った行為について、諭すようにし、なぜ、それがいけないのか、理由も話すようにするとよいでしょう。

年齢別しつけのポイント

＊〇歳児

五～六か月になったら、泣いたらすぐ欲求を満たすのではなく、そばに行って「ちょっと待ってね」と声をかけながら、少し待たせるようにします。すぐ反応すると、「泣けばすぐ手をかけてくれる」ということが満たされる水準として、子どもの中で定着してしまいます。

抱く時は、たっぷりと愛情を伝えてあげるようにします。

＊一歳～一歳半

基本的に理解力はまだない時期なので、むげに叱ることはしないようにしましょう。好奇心旺盛な実験学習期なので、いろいろなことをしますが、何でも「ダメ」「いけません」と禁じてしまうと、反抗的な子や、自己主張のできない内向的な子どもにしてしまいかねません。

いけないことをした時は、愛情を持って優しく、しかし、きっぱりと教えましょう。

言ってもわからないからと思わず、根気よく、くり返し言って聞かせることが大切です。理由も話して聞かせてください。

＊一歳半〜三歳（言ったことがわかるようになってきたら）

いけないことをした時は、「それはいけない」ということをくり返し言って聞かせましょう。手を握り、子どもの目の高さになって、心を込めて言って聞かせることです。

自分が道をはずれたことをした時は、父母が厳しい人であることをわからせます。これは、両親への敬意が育つためにも必要です。

「ありがとう」「おはよう」などのあいさつも教えていきましょう（社会性の始まり）。

＊三歳〜

子どもと約束をし、信頼します。その際「約束を破ったら叱りますよ」と言っておきます。悪いとわかっていることをする場合は、厳しく叱りましょう。間違いを言って聞かせます。

「人に迷惑をかけない」「自分のことは責任を持ってする」ことを教え、守らせます。

そろそろ簡単なお手伝いをさせましょう。

＊五歳〜

たいていのことは自分で選択をさせてみます（判断力を育てる）。

選択や判断の足りないところや、間違っているところは、よく理解できるように話して聞かせましょう。

間違ったことをした時は、厳しく叱るようにします。

大きくなったら、少しでも人の役に立つ人になるように教えます。お手伝いもさせましょう。

＊八歳〜

自分の行動に責任を持たせるようにし、間違ったことは厳しく正すようにします。

家庭の中で決まったお手伝いをさせるなどして、役割を持たせましょう。大きくなったら、少しでも人の役に立つ人になるよう教えます。一生の目標を持たせるようにします。

後片づけの習慣は、親も一緒に

子どもに後片づけの習慣を身につけさせるには、どうすればよいでしょうか。親が週に一回、必ずきちんと整理整頓《せいりせいとん》をするというような習慣があると、子どもも自然に真似るようになります。

しかし、後片づけが苦手なお父さん、お母さんも、いらっしゃることと思います。正直に言うと、実は私自身、後片づけはあまり得意なほうではありません。

また、子どもが二、三人いる家庭では、こちらの部屋を片づけて、散らかっていたのがかなり片づいたと思ったら、今度は別の部屋がすごい状態になっていたりするので、なかなか片づける気力が湧《わ》かないかもしれません。

しかし、片づけの習慣は、小さい時にできるようにしないと、身につかないものです。親が心がけて、身につけさせるようにしなければいけません。

子どもが遊んでいておもちゃを散らかした時や、絵本を読んだ後もそのまま放ったらかしにしているような場合、着ていた服を脱いで置きっぱなしにしている時などは、「片づけなさい」と言って子どもに命じるだけではいけません。それは、子どもだけで片づけさせようとしても、うまくはいかないからです。

片づけるとはどういうことか、技術としての片づけ方を教えてあげないと、子どもは片づけができるようにはならないのです。

ですから、親も一緒に片づけを手伝って、「おままごとの道具はこの箱にしまおうね」とか、「あなたの本はここに置こうね」とか、「あなたのものはこの引き出しにしまいましょうね」といったように、まず、子どもの持ち物の収納場所を決めてあげましょう。そして、片づけのコツや、どういう点を心がけて片づけるべきかについても教えましょう。

また、子どもに家の片づけの一部を手伝わせるようにし、親も一緒に片づけながら、片づける技術を伝えていくようにしてください。

きょうだいが多いと、家は社会の縮図になる

我が家には、上から男、女、男と三人の子どもがいますが、なるべく三人均等に育てようと心がけてはいたものの、実際にはとても難しいことでした。

どうしても下の子が子育ての中心になってしまい、上の子に時間がかけられなくなりがちだったのです。

上の子も親にいろいろと話をしたがって、学校であったことなどを話そうとしてくれているのですが、親が忙しくて十分に聞いてあげられなかったりして、せいぜい生返事で「ふん、ふん」と相づちを打つのが精一杯というような状況でした。

子どもの側からすれば、三人きょうだいというのは、社会の縮図と言えます。ひとり《ひと》っ子ならば、親を常時独り占めできるわけです。二人きょうだいでも、まだ十分な社会の縮図とは言えないでしょう。ところが三人になると、今は自分が我慢をする時だなとか、今は話をしてもいい時だ、などということを、ごく自然に学んでいくようになります。

そういった意味では、子どもにとって、きょうだいが三人いれば、将来社会に出て行くためのステップを、あらかじめ踏んでおくことができると言えるでしょう。

きょうだい同士の触れ合いから、「譲る」ことを学ばせる

また、年齢から行けば、どうしても親が先に他界するわけですから、孤独にならないために、子どもたち自身がこれから仲良くやっていけるように、きょうだい同士の関係のあり方を学ばせていきましょう。

例えば、クッキーが菓子皿に一〇枚ほどあるとします。それを「はい、これはおばあちゃんにあげて」「これはお兄ちゃんにあげて」というふうにして、人にものをあげるということを教えます。このようにして具体的に教えないと、人にものをあげることは、幼児であればあるほど、なかなかできないのです。

これについては、以前におもしろい実例がありました。私の娘にお菓子を渡した時のことです。彼女はそれを右手で持ちました。その後、続けてまた渡したら、今度は左手で持ちました。それなら、三つ目を渡したらどうするかなと思い、渡してみたら、彼女はちょっと考えて、右手に持っていたお菓子を口にくわえて、あいた右手で取ったのです。続けて四つ目を渡してみると、四つ目はもう持つところがなくて、ようやく誰かにあげようとしました。

これは、娘がまだしゃべらない時期の出来事ですが、子どもに何も教えていないと、人にものをあげることや、人に譲ることはない、ということを示す実例といえるでしょう。

ただし、別にお菓子などの食べものを使わなくても、人にものをあげることや、譲ることを教えることは可能です。

ままごと遊びなども、重要な取り組みです。ままごとに限らず、電車ごっこでもお医者さんごっこでもいいのですが、遊びの中で「はい」と言って人にものを渡すとか、譲るといった経験ができるからです。

これも、子どもが複数いるからこそできることで、きょうだい同士でこういった遊びをすることは、社会の中で生きていく上で、大切なことを身につける重要な場になるのです。

ひとりっ子の場合は、保育園や幼稚園に入って、子ども社会ができると、そういった人間関係のあり方を学びます。譲るべき時は譲り、主張すべきところでは主張するということを、子ども同士のつきあいの中で学んでいくのです。だから親としては、できるだけ子ども同士を触れ合わせるという環境作りを考えるべきでしょう。

ほかの子どもからの良い影響

私の妹夫婦のところに小学三年生（当時）の女の子と一年生（当時）の男の子がいます。その三年生の女の子、Sちゃんは、私の娘ととても仲がよく、意気投合しています。

Sちゃんは娘より四歳年上なのですが、彼女の娘に対する影響力はとても強いのです。

例えば、娘は以前、スカートよりズボンが好きだったのですが、Sちゃんが着ていたスカートやワンピースがとても似合い、かわいいと思ったらしく、娘が突如「スカートじゃなきゃいやだ」とか「ワンピースじゃなきゃいやだ」ということを言い出したことがありました。それは、三歳か四歳の頃の出来事でしたが、「えっ、ずいぶん変わったなあ」と、親は驚かされたものです。

ほかにも、娘がSちゃんから影響を受けていることがあります。それは、人に譲れるようになったということです。人に順番を譲れるようになったのです。

例えば、絵本の読み聞かせをしている時、娘が読んでほしい絵本と、下の子が読んでほしい絵本の好みが違うことがあります。下の子が黙っていた時期には問題にならなかったのですが、どんどんしゃべるようになると、お互いに主張し合うようになってきたのです。

こういう時、困るのは絵本を読んでいる親のほうです。両方の希望をいっぺんに満足させることはできないからです。そこで、年齢の順という考え方で、「じゃあ、我慢しなさい」と、姉のほうから読むようにします。

ところが、「お姉ちゃんのほうを先に読んで、その後読んであげるからね」と言っても、下の子はまだ聞き分けがなくて、なかなか納得しません。そんな時、娘が「いいよ、○○くん（弟）を先にやっても」と言って、順番を譲れるようになってきたのです。

それは、従姉《いとこ》のSちゃんの姿を見ていて、影響を受けたのです。

Sちゃんは、献身的なまでに譲ることができる子で、本当は自分が食べたくてたまらないのに、「いいよ」と言って半分あげるとか、あるいは全部あげるということをする子です。なんでそこまで人に譲って自分が犠牲になろうとするのかと、親が心配するくらい献身的なところがある子なのです。

そういうSちゃんの姿を見ていて、娘も影響を受けたのでしょう。娘もようやく

「いいよ」と譲れるようになってきたのです。
このように、ほかの子どもから良い影響を受けることもあるのです。

子どもが家の外で見せている姿を知る

家の中では、なかなか子どものいい面が見えないことがあります。そのため、親は「この子はこうだな」とレッテルを貼っている部分、思い込んでいる部分があるものです。

けれども、家庭訪問で先生が来られた時や、あるいは自分が学校に出向いて、個人面談《めんだん》で、子どもの様子について話を聞いてみると、親が我が子について抱いている印象と、子どもが学校で見せている姿が、意外と違っていることに気づかされることがあります。

長男もそうでした。我が家の場合、長男とすぐ下の妹では六歳の差があります。ですから、彼が中学一年になった時に、ようやく下の娘が小学校に入学したわけです。このように六年も違うと、同じ時期に同じ学校に通えませんから、家の中では、お互いに必然的に年の離れた人として接していることになります。

一方、学校では年齢の近い人たち、友だちと過ごす社会であるわけで、家とは全然話す言葉も違いますし、相手と接する時の態度も違うということになります。例えば、家の中では長男は「僕」と言っていましたが、友だちの中では「俺」と言うような違いがあったのです。

それにしても、先生に学校での息子の様子をいろいろ聞くと、家の外では結構いい面が出ているようで、「ああ、息子にもそういう面があるのか」と気づかされることがありました。実際に、私自身、色眼鏡を外して、改めて子どものことを見るようになったら、「ああ、確かに、そういう面がよく育っていたんだ」と再発見したものです。

たまには、ほかの方から見た我が子像を確認するのはいいことです。四六時中一緒にいると、どうしても、子どもの悪い面ばかり見てしまうものだからです。

また、小学校の教室で授業を受けているところ、スポーツをしているところ、友だちと遊んでいるところなど、いろいろな場面で見せる子どもの姿を見るようにしてみましょう。いい部分も、悪い部分も、家とは違った姿を見せるものです。

・第六章・

「からだ」と「こころ」について

子どもを健康に育てる環境を用意する

子育てで何よりも大切なことは、子どもを健康に育てることです。これには身体的な健康と、心の健康と二つの面があります。

まず、身体的な健康面から考えていきましょう。

最近は大気汚染や水質汚染、食品汚染など、子どもをとりまく環境にいろいろな汚染が広がっており、昔のような自然が失われて、子育てが難しくなっています。

子どもたちをできるだけ自然な環境で育てないといけません。

まず考えたいことは水の問題です。今では水が昔のように安心して飲めなくなりました。水道水や井戸水をそのまま飲むのは危険と言われるようになり、ペットボトルや宅配で、ミネラルウォーターが販売され、今や「水を買う」時代になりました。

人体の七〇％は水分であると言われるのですから、汚染された水を毎日取り込んでいれば、体の中の水分は汚れきってしまいます。

そこで、我が家でもよい水を子どもたちに飲ませるように注意しています。

次に食事は、なるべく手作りのものを与えるようにと考えています。忙しさにかまけて、コンビニエンスストアやデパートなどで、できあいの惣菜《そうざい》を買ってきて、チンして与えるというような食事をしていると、毎日、保存料である化学薬品を子どもの体に取り入れさせていることになります。これはたいへん怖いことです。体に化学薬品という毒物が蓄積されていくことになり、子どもの体を少しずつおかしくしていきます。

ですから、できるだけ自然で、農薬のかかっていない野菜を買ってきて、手作り料理を与えたいものです。

そして、子どもたちを家の中ばかりで育てず、できるだけ自然の中に出して遊ばせるという考えも大切です。

小さな子どもを外に出して遊ばせるのは、交通の激しいところ、特に都会地では誘拐《ゆうかい》などという危険もありますから、よほど注意しないといけませんが、危険だからといって、家の中ばかりで遊ばせるのは、それもまた別種の危険があります。

自然のエネルギーに触れず、健康を損なうという危険があるのです。

そこで、外に連れ出して、目の届くところで十分に遊ばせるといった配慮が大切でしょう。

「こころ」の教育には親の成長も必要

健康には心の面もあります。これはしつけに大きく関わっています。子どもが人間として正しい行動ができるように育てるのは親の役割です。

人をいじめたり、勝手な行動をして人に迷惑をかけるという子どもを育ててしまわないように、今ほど「こころ」の教育が大切と考えられている時代はありません。

これまでは教育といえば、知的な子どもを育てることばかりに親の考えが行き、子どもの心の健康については、ほとんど考えられていない教育がなされていたように思います。

心を健康に育てるには、親が子どもに惜しみない愛を与えて育てるのが基本です。親からたっぷり愛をもらって育った子どもは、心が健康に育ち、人に優しくすることができます。人に対する思いやりも育ち、利己的でなく、社会的なルールがきちんと身についた子どもに育てることができます。

子どもに何より基本的な生活習慣を身につけさせるよう育てましょう。そうして人に迷惑をかけない、自分の気持ちをコントロールできる子、つまりわがままでない子を育てることが、子育てで何より重要だと思います。

そのためには親の成長が大切です。親はつい子どもの知的な成長にばかり目が行って、勝手な基準を作ってしまい、その基準から子どもを見ることを始めます。

すると、途端に子育てが難しいものに変わってしまいます。親が勝手な基準を作って子育てを始めると、いつの間にか心の子育てを忘れてしまい、子どもの知的成長ばかりにとらわれ、我が子の子育てに自信をなくす結果になっていきます。

これが幼児教育でいちばん恐ろしい落とし穴だと思います。知的な教育を高度に受けてきた親ほど、子育てを誤りやすいとよく言われます。そういう親は、子育ての基準を高くしてしまうからです。

子育てで、もう一つの恐ろしい落とし穴があります。

それは、我が子の成長をほかの子と比較することです。

これを始めると、途端に親もストレス、子もストレスの教育になってしまいます。基準など設けずに、我が子の成長を、人と比べて遅くても、それは我が子の個性と見て、焦らずに成長を見守ってあげればよいのです。そうすれば、子どもがストレスを受けることがなく、のびのび始め、するとよく伸び出して、遅れなど取り戻していきます。

お母さんからの手紙

母親の成長

——いつもご指導いただきありがとうございます。

実のところ、最近はすべてのことにすっかり自信をなくしてしまい、というより子どもにどう接してよいのかわからず、心の余裕が少しもありませんでした。子どもも泣いてばかりだし、外に連れ出しても機嫌が悪くなるし、すっかり途方に暮れていました。

なんとなくですが、子どもがこんなに手に負えないのは私が悪いということがわかっていましたので、一から「しちだ」の機関紙を読み直し、私はこの子をどうしたいのかを考え直そうとしました。

私は子どもに強いて（心身共に）賢い子に育ってもらいたいと思っていました。お腹の中にいる時から毎日語りかけていたことです。それがいつの間にか、七田式で読んでいた成長の発達段階の飛びぬけた子どもたちと比べ「この子はダメなんじゃないだろうか」とすっかり自信をなくし、焦り、その挙《あ》げ句《く》、子どもを精神的に追いこんでしまったのです。

一歳過ぎてもしゃべらない子どももいます。それなのに話させようとしてブログラムを達成させることだけに執着《しゅうちゃく》し、結局何の意味も持たないことになりました。

機関紙を改めて読んでみて、私のようなダメな母親でもいいんだと気を楽に持つことができました。意味のない強制的なプログラムの押しつけもやめました。

幸いなことに子どもは絵本が大好きなので、絵本だけは一生懸命読みました。一日平均一五～一六冊読んでいるでしょうか。

そうして「ママがどんなにあなたのことを大切に思っているか」ということや、自分が今までの接し方を反省したことなどいろいろなことを話しました。

すると急激に子どもが変わったのです。私がトイレにも行けないほど、泣いていたのに、次の月には、トイレに行っても泣かず、おとなしく待っていたのです。それと、少しずつ言葉らしいものを発するようになってきました。本当にびっくりです。

私自身も、子どもと接するのにずいぶん楽になり、深い愛情で接することができるようになりました。なんだかやっと始まったような気がします。これからも何かとわからないことを教えてください。

今月は母親の成長でした。

（奈良県　T.N.さん）

小さいうちから、心の習慣作り

しつけは大きくなってからと考えていると失敗してしまいます。小さい時にきちんとしつけず、子どものしたい通りにさせて育てると、自分を抑えられない、キレやすい子に育ちます。自分を抑える、我慢するということを学ばずに育ってしまうからです。

小さな頃にしつけられていないために、今できないことは、大きくなってからもできるものではありません。小さな時に何でも要求を叶えてもらっていた子どもに、大きくなったから急に我慢しなさいと言っても、それはもうできないのです。

小さな頃から少しずつ学ばせていくことが、とても大切なのです。

それは心の習慣作りです。

小さな頃から、身の回りのことをきちんと整頓できるように育てると、心の整理もきちんとできる子に育ちます。脱いだくつを揃えて上がることや、遊んだおもちゃをきちんと片づけることを、小さな頃からきちんとしつけておかないといけないと思います。

何事も、小さな頃が大切なのです。

焦らずゆったり構えていていい！

子どもが言うことを聞かなかったり、わがままだったり、と何か問題を起こす時は、いつも、親に原因があるのです。親というより、母親といったほうがよいでしょう。

ここで、お母さんからのお手紙をご紹介しましょう。

お母さんからの手紙

ゆとりがあると……

——いつも、いつも、わかっているのに、なかなかよい母親になれません。それで、この間、焦る気持ちをなくし、ゆったりと構えようと決めました。取り組みができていなくても、できたところまでよしとしよう、と決めました。

すると、とても気持ちが楽になり、子どもたちに、きつく言うことも少なくなりました。

上の子が、床にお水をこぼした時、ゆったりした気持ちで「これは、あなたがこぼしたんだから、自分でおぞうきんでふこうね」と言って、下の子にご飯をやっていると、一人でせっせとふいていました。

見に行くと、まだべちゃべちゃだったので「もう少し、きれいにふけるかな?」と言って、向こうに行っていると、今度は、一人でせっせと本当にきれいにふきました。

それで、すごくほめてやると、とてもうれしそうでした。わがままを言ってつばを床に「ぶうぶう」吐《は》く時も「自分でふきましょうね」と言って放っておくと、少しして泣きやみ、自分できれいにふいていました。

上の子の場合は、一言言って、後は放っておくほうがよいようです。

そして、すべて始末した後で「わがまま言うのやめようね。きれいにふけたね」と言って抱きしめてやると、とてもご機嫌になり、一人で遊びだします。

上の子は、一歩扱いを間違えると、泣いて泣いてだだをこねるのですが、こちらがよく考えて接してやっていると、本当によい子です。ただ、よい子にしておくには、こちらも相当ゆとりがいりますが……。

また、よいアドバイスをよろしくお願いいたします。

(静岡県　K.T.さん)

五分間暗示法と、八秒間の強い抱きしめ

七田教育には、お母さんたちの強い武器になる「五分間暗示法」と、「八秒間の強い抱きしめ」という、子どもに母親の愛を伝え、子どもの心を健康に育てる二つの方法があります。

これは私の父親・七田眞から伝わる、すべての子育てをなさるご両親たちに伝えたい素敵な子育ての秘法です。

五分間暗示法とは、子どもが寝入った後、体をさすってあげながら、自分がいかに子どもを愛しているかを伝え、困った問題が寝ている間に消えてしまう暗示を入れてあげることです。

八秒間の強い抱きしめは、子どもが調子のよい時に、ギュッと抱きしめ、心から親の愛情を子どもに伝えることです。

五分間暗示法は、とても効果のあるものですが、子どもが親を拒否している時は、うまく暗示が入りません。その時は八秒間の強い抱きしめをして、愛情をしっかり伝えると、五分間暗示法もよく効くようになります。

八秒間の強い抱きしめをする時に、間違った抱きしめ方をしないようにしましょう。

子どもの調子が悪い時、子どもが泣いていたり、わがままを言ってだだをこねている時などに抱きしめると、逆効果です。

子どもは自分がわがままを言えば抱いてもらえると知って、かえってますます困った子になってしまいます。子どもがよい子である時に抱いてあげるのがよいのです。泣きやんだ時、わがままを言うのをやめて我慢をした時などが、八秒間の強い抱きしめをしてあげる時です。子どもは「そうか、自分が泣きやめば抱いてもらえるのか、我慢をしたら抱いてもらえるのか」と学んで、泣いたりわがままを言ったりすることが少なくなります。

お母さんからの手紙

たった一回の暗示で悩みがスッと晴れました

——ご指導、いつもありがとうございます。

七田式を始めて二か月が過ぎました。まだ二か月しか経っていないのに、驚いたことがあります。

それは、五分間暗示法です。

実は、それまでNは私に笑顔を見せなかったのです。たまにニコッとしてくれていましたが、圧倒的に主人のほうになついていました。私にはまったくそういうことはなかったのです。私はどうしてだろう……と落ちこんでいました。お父さんギライよりは、大好きなのだからいいのかなと思っても、少し寂しい思いがありました。

それで五分間暗示法をして、お腹の中にいた時のことを謝りました。

思い当ったことは、お腹が大きい時、どこにも遊びに行けず、いつも「どこかへ行きたい！」と思っていたことでした。主人と二人だけだったら旅行に行けたのに……と知らず知らずのうちに、Nのせいにしていたのではないかと思ったのです。

そのことを謝りました。そして生まれて来てくれて、すごくうれしいということを言いました。

そうしたら、その夜から変わったのです。私が近づいて行くだけでニコニコするのです。

「こんなこと初めてだ！」と主人も驚いていました。すごくうれしかったです。

たった一回暗示しただけで、今まで何日も悩んでいたのがスッと晴れたのです。

そして、こんな小さな子のきれいな心を私が傷つけていたのかと、本当に申し訳なく思いました。

五分間暗示法を知らなかったら、いつまでも心を傷つけたまま、私自身もストレスを感じたまま、心を通わすこともできずにいたはずです。

本当にありがとうございました。これからも、ご指導、よろしくお願いいたします。

（八か月のお子さん／兵庫県　S．N．さん）

お母さんからの手紙

八秒間の抱きしめで、私自身が変わった

――五分間暗示法・八秒間の抱きしめなど、ご指導ありがとうございました。

五分間暗示法を始めて一か月くらいになりますが、今一歩効き目がないなぁと思っていました。

八秒間の抱きしめは、私自身照れくささがあり、なかなかできずにいましたが、これではいつまで経ってもらちがあかないと、一週間くらい前から始めてみました。ギュッと抱きしめた時、Kは〝何だろう〟とモゴモゴしていましたが、ちょうど八秒目、とても穏やかな笑顔を見せてくれました。それ以来、次第に落ち着いてき

たようです。

お友だちとのやりとりも上手になってきたし、指しゃぶりも寝入る時以外はほとんどしなくなりました。妹のYにもずいぶん優しくなり、庭の花を摘んでは「Yに」と持って来てくれます。

息子の変化に大喜びの私ですが、実は八秒間の抱きしめによって、私自身が心からKをかわいく思えるようになりました。

助産院で自然に生まれ、へその緒も切らずに一時間抱かせてもらいました。もちろんその後も母子同室という最高の出会いをしたK。かわいくないわけはないのです。

下の子が生まれてから、下の子のほうに気持ちが傾いていましたが、今は二人共同じようにかわいいと思えるようになりました。

私自身未熟で、イライラすると、すぐにKにやつあたりをしてしまうのですが、先生のおっしゃる〝心の子育て〟が当り前にできるよう努力していきたいと思います。

今後とも、よろしくお願いいたします。

（二歳五か月のお子さん／岡山県　K．O．さん）

・第七章・

しちだの子育ては胎教から

子育ては胎教から始まる

子育ては生まれてから始まるのでしょうか。そうではないのです。生まれる前から始まります。つまり、子どもがお腹の中にいる時から始まるのです。

今までの常識では、「お腹の赤ちゃんは何もわからない。知性の働きがなく、何も理解しない、記憶しない」と思われていました。

ところが、今では胎児が胎内の記憶を持ち、知性を働かせているということが科学的に認められるようになったのです。そのような研究書がよく出ています。例えばデーヴィッド・チェンバレンの『誕生を記憶する子どもたち』(片山陽子訳、春秋社)。

この本には、胎内記憶を持ち、三歳、四歳になって出生の頃のことを思い出す子どもたちがたくさんいることが書かれています。

日本の本では『胎児革命—胎児は何でも知っている』鈴木丈織著(アクア出版)。

この本のカバーには、

——意識もなく、知覚もないと思われがちな胎児ですが、実はすでに多くのことを聞いて、感じて、知っています。

臍の緒を通じ、羊水を通じて、母親からその人の一生を決定するかもしれない重要な刺激や情報を受け取っているのです。

では、胎児にどんな刺激や情報を与えたら、賢く、健康で、心豊かな子どもに生み育てることができるのか……。

本書は、これまで誰も書かなかった「胎児期」の育児問題をまったく新しい観点から説いた、革命的な育児書です――

とあり、またこの本の二二六ページには、「お母さんの愛情次第で、難産か安産かが決まることもある」と書かれています。赤ちゃんに対する愛情度や、関心度が低く、また子どもを持つことに不安を感じているお母さんの場合は、そうでないお母さんに比べて陣痛《じんつう》が長引くという傾向が見られ、難産になりやすく、その難産がまたお母さんと赤ちゃんの双方に悪い影響を与え、母子の絆はいっそう薄くなっていく……とあります。

そうなのです。出産が安産か難産か、それを左右しているのは母親の心なのです。胎児のことを知らないばかりに、出産を苦しいものにしている可能性があります。

母親が胎児に愛情を伝えることを知って、「生まれる時は自分の力でスルッと生まれてね」と言っておくと、母も子もとても楽な出産を迎えることができるのです。

母親が胎教を考えないために、子育てを難しくしているのです。

胎教をしておくと、子育てがとても楽になる

我が家でも、子どもたちには胎教を行いました。

胎教といっても、お腹の赤ちゃんに何かを教え込むということではありません。母親がお腹をなでながら、胎児に愛情深く毎日語りかけて過ごすのが胎教です。絵本を読んであげることもまた、心を通わす手段となります。

つまり、母親がお腹の赤ちゃんに愛情を伝えて過ごすのが基本なのです。そうして、「健康な赤ちゃんで生まれてね、生まれる時は自分の力でスルッと生まれてね」と言っておくと、本当に、健康な赤ちゃんが、自分の力でスルッと生まれてきてくれるのです。

また、胎児の時に音楽を聞かせたり、お母さんが歌っていたりすると、生まれた

子どもはそれを覚えていたりします。

お母さんからの手紙

お腹の中にいた時のことを覚えている

――先日、胎教の時に聞いていた『五木の子守唄』を、生まれて初めてお休みの時に私が歌ってあげたら大変反応し、満面の笑みで「もう一回、もう一回」と言いました。本当にびっくりしました。「覚えているし、知っているし、このうたは大好きだ」と言うので、本当にびっくりしました。そして胎児の素晴らしい能力というのか、特性を改めて実感し、ますます右脳の教育の素晴らしさを念頭に毎日取り組まなければ、と思いました。

（一歳九か月のお子さん／滋賀県　R.I.さん）

妊娠中の母親の食事が、生まれた子どもの嗜好《しこう》を作る

生まれた赤ちゃんが肉好きに育つか、野菜好きに育つか、それは妊娠中の母親の食事に関係がありますよ、と言ったら驚かれるでしょうか。でも、それは本当のことなのです。

奈良の会員のSさんは、妊娠中よくいちごを食べました。すると生まれた赤ちゃんがとてもいちご好きに育ったそうです。

このような例は、珍しいものではありません。次のお便りも、そのような様子を知らせる手紙です。

お母さんからの手紙

発見!! 胎児の時の好物は生まれてからも好物です

――今月よりご指導よろしくお願いいたします。

まさか、お腹の中の赤ちゃんと会話ができるとは思ってもみなかったので、実際にできるようになってからは本当に楽しい毎日でした。

ぶどうがとても大好きで、私もお腹の赤ちゃんに要求されるまま毎日食べていたのですが、おもしろいことに今年の夏、ぶどうを食べさせると第一声「キャ～」と叫び、とってもうれしそうにパクパクと食べだしたのです。そして「ぶー、ぶー」とぶどうを要求します。胎児の時の好物は、生まれてからも変わらないのですね。思わず家族で笑ってしまいました。

後で考えてみると、去年ぶどうを食べ始めた時期と同じ頃に、今年は「ぶー、ぶー」と盛んに話すようになったのです。

赤ちゃんは天才とわかっていても、本当に驚くことばかりで、毎日が新鮮です。そして子どものおかげで小さなことにも感動できる心を持つことができ、感謝しています。

時々は怒りたくなることもありますが、そんな時はすぐに子どもが生まれた日の写真を見ることにしています。そうすると、出産した日のことを思い出し、冷静になれます。

まだまだ新米ママで大変な毎日ですが、子どもと一緒に少しずつ自分も成長しているような気になり、しちだにめぐりあえたことをとってもとっても幸せに思います。

妊娠中は仕事をしていましたので、一〇〇%の胎教ができたとは言えませんが、現在のMは、会う人皆さんが「しっかりしていて、赤ちゃんとは思えない」と言ってくださり、とてもニコニコ元気のいい子どもです。

通信を始めてからは、一日の生活にメリハリができて、よくなったと思います。

どうぞ今後ともよろしくお願いいたします。

（八か月のお子さん／愛知県　A．U．さん）

大きくなった子どもには胎内記憶を聞いてみる

子どもが話せるようになったら胎内記憶を聞いてみましょう。すると胎内記憶を語ってくれます。今までは、胎児に記憶があるなどということを誰も知らなかったので、聞かないから答えなかったのです。聞いてみると、ほとんどすべての子どもに胎内記憶のあることがわかります。

四歳、五歳といった子どもたちなら、お腹に戻すイメージをさせると、子どもが思い出します。

お腹に戻すイメージは次のように行います。

子どもとゆったり過ごしている時に、子どもに何気なく胎内のことを話しかけるとよいのです。そうしてリラックスさせ、「今から小さくなってママのお腹の中に戻るよ。戻ったらお腹の中の様子を聞かせてね……」とゆっくり語りかけるのです。

では、ここで実例を一つ紹介しましょう。

お母さんからの手紙

お腹の中に戻すイメージをしてみました

——胎児に戻すイメージの話を聞いて自分なりにやってみました。

「Hくんもお母さんのお腹にいたのよ」などと話し始めました。「Hくん、お母さんのお腹に入って」「覚えてないのに」「覚えてなくていいよ。お腹に入ってると思って、五歳、四、三、二、一、〇歳、Hくんがお腹に入った」。こんな会話でした。

なんだか完全にリラックスして安心しきった様子でしたので、思わず、「どう、安心？　うれしい？」と聞いていました。するとHのほうから突然こんなことを言い始めました。

寝ころんで、体を丸めてぐるぐる回りながら、「ぐるぐる回っていたよ」「夜になったら（目をつぶって）寝たよ。朝になったら起きた」「お父さんとお母さんが話しているのが聞こえた」。

こんなことを言うのでびっくりしました（二歳の頃には、「お腹の中にいた時のこと覚えてる？」と聞いたのですが、「わかんない」と言うだけで聞き出せなかったのです）。

私は思わず質問してしまいました。「お腹の中は温かかったかな？」。するとHは顔の真ん中のところに手をやって、「左は冷たかった。右は熱かった。真ん中はぬるいくらいだよ」。

「お腹の中は暗かったのかな?」「少し明るかったよ」

あまりいろいろ聞いてもどうかなと思い、それでやめました。

Hは安心しきっている様子、心が満たされている様子でした。ただ「お腹の中にいると、いじめられないもん」と言ったので、ちょっとびっくりしたのです。ちょっと気にはなっているのですが(思い当ることと言えば、幼稚園の年長の女の子にバスの中で顔中ひっかかれてひどいことになったことがあって、それ以来、その子がいやなようです。そのくらいなのですが)。

そんなことは言いましたが、リラックスして心を開いていると思いました。Hと私との心が一つになった感じ、一体感というのは、こういう感じのことだろうと、思いました。

今までHのこんなにリラックスして安心しきった様子を見たことがなかったように思います。私も今までどうしても下の子に目がいっていましたが、心からこの子がかわいくていとおしいと思いました。

お腹に戻すイメージは、こんなに効果があるものかと驚いています。

子育てが難しい時は胎児に戻すイメージをしてみる

胎教を知らなかったばっかりに、赤ちゃんがお腹の中にいた頃、母親が妊娠などしなければよかったなどと思うと、赤ちゃんが心に傷（トラウマ）を受けてしまい、それが元で、生まれた赤ちゃんがよく泣き、子育てが難しいということがあります。その場合は、子どもを胎児に戻すイメージをし、心に傷を負わせたことを謝ると、子どもが見事に変わります。

お母さんからの手紙

胎児に戻すイメージをすると子どもがみるみる変わった

（愛媛県　Y．K．さん）

——昨年の秋、初めて七田教育を知りました。

何も知らないまま、七田教育というものを理解していないままの私の頭にとびこんできたのが、「右脳教育」「愛の教育」でした。

今まで子どもを自分の感情だけでひどく叱ったり、時にはをあげたりしていましたので、お話を聞いて、とても胸が痛みました。

おまけに胎教のお話になった時にはドキッとしました。生まれてくる前は絶対男の子がほしい、主人も「男の子を産めよ」と言っていましたので、生まれた瞬間「女の子ですよ」と聞かされた時には、どれだけがっくりしたか。

おまけに夜は寝てくれないし、よく泣くし、こんなかわいくない子産まなきゃよかったと思うくらい、私は出産後、ノイローゼになっていました。

とにかく手のかかる子でしたが、それがお腹にいたころに原因があったとは気づきもしませんでした。

お話を聞いて納得でした。子どもにごめんねという気持ちでいっぱいでした。

早速子どもを胎内に戻すイメージをやってみました。そうして「女の子でもいいのよ。元気に生まれてきてね。パパとママはあなたが元気に生まれてくれれば、男の子でも女の子でも大満足よ」と暗示を入れました。

すると、その後子どもがみるみる変わりました。

素晴らしい体験をすることができて感謝しております。

（島根県　T．O．さん）

・第八章・

新しい時代を生きるための思考力を育む

小さな頃から将来の夢を聞く

これからの家庭教育でいちばん大切なのは、我が子を、将来の夢を持ち、自分で考え、自分で学んでいくという精神を持っている子どもに育てることです。

そのためには、できるだけ早いうちに、子どもが将来何になりたいかを聞いてあげ、そして子どもがその夢を果たせるように、親はサポート役をするのがよいのです。

子どもはいつからまともな夢を語るようになるのでしょう。小さな頃は保育園から、七夕《たなばた》の時短冊《たんざく》を持って帰って、「ウルトラマンになりたい」「プリキュアになりたい」などと将来の夢を書きます。これらはまともな夢とは言えません。

子どもがまともな夢を語るようになるのは、小学校三年生くらいと考えるのがよいでしょう。

夢が定まると、その夢を果たすために子どもに何をすることが必要かを考えさせましょう。それが、子どもに考えさせるべき最も基本的なテーマです。

そのテーマさえ決まれば、子どもは毎日をどう生きればよいかを考えて暮らせるようになります。毎日の勉強の意味もわかります。自分の夢を果たすためには、勉強することが大切ということもわかりますし、どんな勉強をしていくことが大切かを考えることもできます。

勉強、勉強と追いたてないようにしましょう。子どもが最もよく考えられるのは、遊んでいる時だからです。

たっぷり自由に遊ばせる

子どもは遊ぶのが仕事といわれるくらい、遊ぶのが好きです。遊ぶためにはいろいろ考え、工夫をします。遊んでいる時ほど、子どもが頭を使っている場面はほかにありません。

だから、どんな遊びでもいいのです。遊びをしている時には、子どもたちはたっぷり頭を使っています。子どもたちを十分に家の内・外で遊ばせましょう。きょうだいたちで遊ばせ、友だちと遊ばせ、独りで遊ばせましょう。

遊んでいる時は自己を解放し、脳を考えるのに最も適した状態にしてくれます。興味があることを一生懸命、夢中になってやる時こそ、脳力は全開し、よく考えることができます。

勉強、勉強で追いたてている時は、むしろ自分の考えをフルに発揮させることができないものです。

「考えることが上手だね」とほめる

たびたび自分の子どものことで恐縮ですが、長男は遊びが好きで、友だちともよく遊びますし、私もたまには遊びの相手をしていました。

そうした時に、何の遊びをしたいかを聞いてあげるのです。

子どもがカードで遊びたいと言った時のことです。

一つ遊びがすむごとに、同じカードを使って、次にどんな遊びをするかを考えさせました。子どもは自分で一生懸命考えて、別の遊びを工夫して言います。「さっきの遊びとは違うルールだね。よく考えたね。○○は考えるのが上手だね」とほめてあげるとうれしそうでした。

その学期末の学校からの息子の通信簿には、「考えることがとても上手です」とありました。

親から、「あなたは考えることが上手」と絶えずほめられていると、自分は考えることが上手と思うようになります。そうして、ことあるごとに、自分の考えをひねり出すようになるものだと思います。

勉強、勉強と詰めこむよりも、こちらのほうがよほど大切だと思います。

一つのものでどれだけ遊べるか

おもちゃを一度にたくさん与えることは、あまりよくありません。子どもを移り気にしてしまいます。それよりも、一つのおもちゃを与え、そのおもちゃを使って、どんな遊びができるかを考えさせればさせるほど、考えることが上手になります。

アインシュタインの話をしましょう。

アインシュタインの子どもの頃の学びの場は家庭にありました。彼は言葉が出るのが遅く、また言葉を話すようになっても無口でした。

彼は友だちと遊ぶよりも、積み木を使って複雑なビルディングを構築したり、厚紙を切り貼りして、一四階建ての家を作ったりという、根気と忍耐と、考えを必要とするような独り遊びを好みました。

それがアインシュタインの後の根気強さ、忍耐、思考力のもとになったといわれています。

作文を書かせる

作文ほど、よく考える訓練になるものはありません。最近の大学の入試でも、思考力を知るために論文を書かせることが大切だと考えられるようになっています。

では、何について書かせるとよいでしょう。

まず「将来の夢」について書かせましょう。夢がない子どもはあまりいないと思いますが、もしなければ、親が月に一、二冊偉人伝を読んであげるとよいでしょう。そうして読み続けていると、子どもは自然に偉人たちの生き方を学び、その中で、自分の生き方のモデルを見つけるでしょう。

もう一つのよいテーマは「発明・発見」というテーマです。発明については「消しゴム」とか「コップ」とか題を与えて、それを利用してどんな新しい便利な使い方があるかを考えさせ、それを利用した新商品を考えさせます。そうしてその使い方をする商品の名前を考えさせ、それを販売する宣伝文を書かせることです。

発見については「発見作文」を書かせればよいのです。まず、何かをよく観察させます。例えば、アリ。アリが動き出す時はどの足から動き出すか、六つの足をどの足から、どんな順番で動かしているかなどについて書かせるのです。そのようにすれば、何についても常に新しい発見があります。

雨が降った後、鉄棒についた水玉に景色が逆さに映ったりしています。そういう発見をしたり、なぜ逆さに映るのかを考えさせたりすると、いつも注意深く観察する習慣を身につけるでしょう。

それによって、よく考える子、新しい創造をする子を育てることができます。

作文のコツを教える

作文を書くには、何より材料があることが大切です。あるいは書こうとすることについて、取材をさせることが大切です。取材によって十分材料が集まったら、もう作文の八割は完成したも同然です。後は編集の作業があるだけですから。

材料が何もないのに、何かを考えて書けと言われても、書くことはできません。

あるテーマを与えて、そのテーマについて取材することが大切です。何より取材を試みることが大切と教えて、後は編集の仕方を教えればよいのです。

「遠足」という題で作文の宿題が出されたら、子どもに「どんなことがあったか」「どんなことが楽しかったか」「誰とどんな話をしたか」「何を見たか」「どう思ったか」などをいろいろとたくさん聞いてあげ、今聞き出したことを上手に編集すればよいことを教えましょう。

結局作文とは、何もないところから考えをしぼり出すのではなくて、材料を集めて、順番を考えて、材料を取捨して編集する作業であることを教えるとよいのです。

豊かに考えられる子をどう育てるか（まとめ）

結局のところ、豊かに考えられる子は、頭の中に豊かな考える種を持っている子です。そういう子どもに育てるには、まず、

①何より読書する子に育てましょう。読書して、いろいろなことについて情報を豊かに持っているほど考えることが上手になります。空っぽの頭では何も考え

られないのは自明の理でしょう。

②豊かな遊びの体験を持たせましょう。豊かな遊びの体験を持つほど遊びの工夫をします。遊びには心を解き放つ働きがあり、脳を全開させて、新たなことを考えさせることを可能にします。

③人と違ったことを考えさせるようにしましょう。これまでは人と同じであることがよかったのです。子どもたちも自分がみんなと同じであることを望み、人と違っていることは避けようとしたかもしれません。

でも、今は人と違った考えをすることが大切だと考えられるようになってきているのです。一人ひとりが、オンリーワンの存在なのです。そういう歌がはやり、小学校などでも歌われているのは、今の社会を反映しているからでしょう。

④発明発見を心がけさせましょう。ただ知識を詰めこませるよりも、テーマを決めて知識を集めさせ、そのテーマについて新しい発明発見をするように導きましょう。

⑤失敗に屈《くっ》せず工夫をしてやりとげる子どもを育てましょう。伝記を読んであげると、偉人たちが初めから偉人であったわけでなく、失敗に屈せず、新しいこ

とにチャレンジして、目的を達成していったことを学びます。
失敗を恐れず、どんどんチャレンジする心を育てましょう。それには「君ならきっとできる」と常日頃、よい暗示を入れてあげることが大切です。

⑥一位、二位を競わせるのでなく、自分が努力をしたこと、頑張ったことを、自分でよくやったと考えられる子に育てておくことです。

考えられる子どもを育てることが大切、と言っても、自分で頑張った結果が一位でなくても、他人の入賞を喜んであげられ、自分の努力を自分で正しく評価できる、そういう考えの子どもを育てるようにしましょう。

お母さんからの手紙

ぼくは一人で頑張ったんだよ

——先日、地域の子ども会で、『ボウリング大会』がありました。低・高学年にわけて、各三位まで賞品をつけるというものでした。

去年までは、小さいせいもあって両手でころがしていたのですが、今回初めてちゃんと穴に指を入れて投げてみました。もちろん入賞なんてほど遠い結果でした。

仲良しの子が二位になって（実は、お父さんと一緒にやったそうです）大きな賞品を手にしていました。Tは、参加賞の小さな袋です。

Tに「Tもお父さんに手伝ってもらえばよかったね！」と、親心（そうすれば大きな賞品がもらえたのになぁ）を込めて言ったつもりだったのに、返ってきた言葉は予想はずれでした。

「○○ちゃんはお父さんに手伝ってもらったんだよ。ぼくは一人で頑張ったからこれでいいんだよ！」

うれしそうに小さな袋を手にしている我が子がとてもかわいくって、「そうだね、一人でよく頑張ったね！」と言って、思いっきりムギューと抱きしめてしまいました。

（小学校一年生のお子さん／栃木県　K．K．さん）

⑦日常の生活の会話の中で子どもの論理力を育てる。

日本では一般に論理力を育てる訓練が欠けています。そのために日本人は論理的に考えることが苦手といわれます。

小さな頃から論理力を育てることを考えましょう。山びこ法で論理力を育てるのがいちばんよいのです。

山びこ法とは、子どもの言ったことを山びこのようにくり返し、それに質問を一つくっつけて、子どもに考えさせ、答えさせるという手法です。例えば、次のようになります。

まず、子どもが言います。

「お母さん、これを買って」

お母さんは次のように受けます。

「これを買ってほしいのね。どうしてほしいの？」

「だって、ゆきちゃんも持っているもの」

「ゆきちゃんも持っているのね。でも、どうしてあなたがいるの？」

「だって、先生がこのおもちゃはいいおもちゃだと言っていたもん」

このように話を進めていくのが論理です。

親がこのように子どもの話を山びこ法で受けてあげると、子どもは自然に自分の話を論理立てて話すことを学びます。

我が子を、考えられる子どもにするには、まず日常の会話の中で子どもの論理力を育てるようにしましょう。

山びこ法で対話をする習慣を作ると、子どもがきちんと自分の気持ちを言う習慣がつきます。日常こうして親子で対話をする習慣をつけておけば、子どもはいつでも自分の気持ちをはっきり順序立てて話せるようになっていきます。

お母さんからの手紙

「山びこ法」で母子の絆が深まった

――今回の講演の中で、子どもの言い分を聞いてやるには「山びこ法」が大切である、というのがいちばん心にしみた言葉でした。

このところ口数が少なく、行動が遅く、なかなかハキハキしない娘の扱いに困っていました。学校であった事柄など、聞きたくてもハキハキ言わず、少し注意するとじっと黙ってしまう性格には、どうしたものかと困っていました。

帰って早速「山びこ法」なるものを実行してみました。

するとどうでしょう。私自身の心がパーッと広くなって、ゆっくりポツンポツンと出てくる娘の言葉を受け止めることができるのです。その時はっとしました。今まで何も言ってくれないと思っていたのは、実はそうではなくて、私自身に子どもの言葉を一つひとつ受け止めてやるゆとり……、ゆっくりゆっくり出てくる言葉を待ってやるゆとりがなかったのだとわかりました。

「山びこ法」をすると、子どもの言葉をくり返し言っている間に、子どもの口から次の言葉が出てきます。これでイライラせずに聞いてやることができるのです。「山びこ法」……これは私たち親子にとって、母と子を結びつけてくれる救いの方法でした。おかげで母と子の絆が深まりました。

どうもありがとうございました。

（小浜市　K.K.さん）

[七田式教育に関する連絡先]
・しちだ・教育研究所（通信コース、通信販売）
……………………………………………… http://www.shichida.com
〒695-8577　島根県江津市江津町526-1
☎(0120)199-415　FAX(0120)299-415
・七田チャイルドアカデミー（幼児教室）
……………………………………………… http://www.shichida.ne.jp/
〒543-0053　大阪市天王寺区北河堀町 3-15　S.C.A. 本社ビル
☎(06)6776-4141　FAX(06)6776-4422
〒115-0044　東京都北区赤羽南 1-9-11　赤羽南ビル 8F
☎(03)5249-7700　FAX(03)5249-0505
・児童英語研究所（英語教育）
……………………………………………… http://www.palkids.co.jp/
〒160-0022　東京都新宿区新宿 1-18-10　カテリーナ柳通りビル 3F
☎(03)3352-6125　FAX(03)3352-3188

この作品は、2003年８月にＰＨＰ研究所より刊行された『七田式・本当の知力をつける100の知恵』を改題したものである。

著者紹介
七田　厚（しちだ　こう）
昭和38年生まれ。実父は右脳教育の先駆者である七田眞氏。
東京理科大学理学部数学科卒業。在学中に児童英語研究所専務を経て、以後、しちだ・教育研究所代表取締役社長、オフィス・七田代表取締役社長を務める。日本童謡協会会員。
現在、七田式幼児教育を実践している教室は日本全国で450教室を超える。また、アメリカ・韓国・台湾・シンガポール・マレーシア・インドネシア・タイ・中国にも七田教育が広がっている。
七田眞氏との共著に『子どものための右脳学習法86』（ＰＨＰ文庫）がある。

ＰＨＰ文庫　「子どもの力」を100％引き出せる親の習慣

2008年９月17日　第１版第１刷

著　者　七　田　　厚
発行者　江　口　克　彦
発行所　ＰＨＰ研究所
東京本部　〒102-8331　千代田区三番町３番地10
文庫出版部　☎03-3239-6259（編集）
普及一部　☎03-3239-6233（販売）
京都本部　〒601-8411　京都市南区西九条北ノ内町11

PHP INTERFACE　http://www.php.co.jp/

制作協力
組　版　PHPエディターズ・グループ

印刷所
製本所　凸版印刷株式会社

ISBN978-4-569-67093-5

PHP文庫好評既刊

子どもの知力を伸ばす300の知恵

七田 眞 著

0歳から6歳までの間に、むりなく自然に才能を引き出す「七田式知育」。そのノウハウを紹介した育児書のベストセラー、ついに文庫化！

定価五八〇円
（本体五五二円）
税五％